सिद्धरामेश्वर

व्यक्ति-कृति

सिद्धरामेश्वर

व्यक्ति-कृति

प्रो. काशीनाथ अंबलगे

लोकभारती प्रकाशन

लोकभारती प्रकाशन
पहली मंजिल, दरबारी बिल्डिंग, महात्मा गांधी मार्ग
इलाहाबाद-211 001

वेबसाइट : www.lokbhartiprakashan.com
ईमेल : info@lokbhartiprakashan.com

शाखाएँ : 1-बी, नेताजी सुभाष मार्ग, दरियागंज
नई दिल्ली-110 002
अशोक राजपथ, साइंस कॉलेज के सामने
पटना-800 006
36 ए, शेक्सपियर सरणी, कोलकाता-700 017

पहला संस्करण : 2020

मूल्य : ₹ 300

बी.के. ऑफसेट
नवीन शाहदरा, दिल्ली-110 032
द्वारा मुद्रित

SIDDHARAMESHWARA : VYAKTI-KRITI
by Prof. Kashinath Ambalge

ISBN : 978-93-89742-04-6

बसव समिति
बसव सर्कल, बेंगलूरु
को

लेखक की एक-दो बातें....

कन्नड़ साहित्य के इतिहास में बारहवीं सदी का वचन साहित्य सच्चे अर्थों में 'स्वर्ण युग' कहलाता है। विश्व साहित्य को भारतीय साहित्य की कोई श्रेष्ठ देन हो सकती है तो वह है 'वचन साहित्य'। ऐसा कहने का कारण यह है कि इस सन्दर्भ में भारतीय इतिहास में पहली बार सभी निम्न जाति और वर्ग को बोलने का अधिकार मिला। अभिव्यक्ति स्वातंत्र्य का वचनकारों ने बखूबी सदुपयोग किया और व्यष्टि-समष्टि के हित में साहित्य की रचना की। स्त्री वर्ग और दलित वर्ग के शरण-शरणियों ने पहली बार ऊँची आवाज में अपने विचार 'वचन काव्य' के रूप में अभिव्यक्त किया। प्रतिभा का बहुत बड़ा विकेन्द्रीकरण हुआ। जानवर चराने वाला दनगाही रामण्णा और सूळे (वेश्या) संकव्वे ने भी व्यक्तित्व का परिवर्तन कर वचन की रचना की थी। इन्होंने अधिक लिखा, सामाजिक सरोकार रखकर लिखा, सब प्रकार की समानताओं के लिए लिखा, आध्यात्मिक एवं समाजोन्मुखी चिन्तन के समन्वय के लिए लिखा। इनका वचन साहित्य जातिवाद, अन्धविश्वास, सामाजिक अज्ञान, धर्म के नाम पर शोषण के विरोध में आवाज उठाता है। 'अनुभव मंटप' द्वारा चर्चा-परिचर्चाओं की परम्परा की स्थापना द्वारा सब क्षेत्र के परिश्रमजीवियों में सांस्कृतिक उत्साह भरने का काम इस काल सन्दर्भ में चलता है। एक भाषा की अभिव्यक्ति की शक्ति का विकास चरम सीमा को छूता है। सूक्ष्मातिसूक्ष्म आध्यात्मिक अभिव्यक्ति की शक्ति और सामाजिक चिन्तन के सरल विचारों को स्पष्ट रूप से अभिव्यक्त करने की क्षमता कन्नड़ भाषा को प्राप्त होती है। इनके लिए 'समता ही एक योग' था। कायक (परिश्रम) और योग साधना एवं ज्ञान का सुन्दर समन्वय वचन साहित्य की उपलब्धि स्वीकार करने में कोई शंका नहीं होनी चाहिए।

वचन साहित्य के प्रमुख शरण बसवेश्वर, अल्लम प्रभुदेव, चन्नबसवण्ण, सिद्धरामेश्वर, हड़पद अप्पण्णा, मोळिगे मारय्या, उरिलिंग पेद्दी और शिवशरणियों में अक्कमहादेवी, सत्यवक, मोळिगे महादेवी, काळव्वे, नीलांबिका आदि नाम लिए जा सकते हैं। सब शरणों की साधना का महत्त्व समान रूप से गिना जाना चाहिए।

आध्यात्म, काव्य, सामाजिक हित का एक दृष्टि से यहाँ सामूहिक संवेदनशीलता को स्पर्श करता है।

यहाँ 'सिद्धरामेश्वर : व्यक्ति-कृति' नामक ग्रंथ आपके सम्मख रखते हुए मुझे बड़ी सांस्कृतिक खुशी हो रही है। शिवयोगी सिद्धरामेश्वर कायक (परिश्रम) और ज्ञान के सुन्दर समन्वय के उदाहरण थे। शिवयोग और वचन साहित्य सृजन के श्रेष्ठ पारखी थे सिद्धराम। लगभग सभी शरणकुल में निरन्तर ज्ञान और समाजसेवा एवं वचन काव्य की रचना एक दूसरों में लेते-देते से ही चलता था। सबका प्रभाव सब पर था, ऐसा लगता है।

इस पुस्तक में 'प्रस्तावना' के रूप में वचन साहित्यान्दोलन के विकास का परिचय मिलता है, पृष्ठभूमि में उस काल की सामाजिक, धार्मिक, साहित्यिक गतिविधियों का लेखा-जोखा है, 'सुन री सजनी' में वैश्विक और भारतीय सन्दर्भ की महिलाओं के प्रति अन्याय का चित्रण है और वचन साहित्य में उनकी भागीदारी का रूप देख सकते हैं। सिद्धरामेश्वर जी का संक्षिप्त जीवन परिचय, वचन चिन्तन के साथ सिद्धराम के 171 वचन दिए गए हैं।

इस ग्रंथ को एक स्वरूप देने में जिस किसी का सहयोग रहा हो उनको धन्यवाद समर्पित करना एक लेखक का कर्तव्य होता है। राजकमल प्रकाशन समूह के प्रबन्ध निदेशक आदरणीय श्री अशोक महेश्वरी जी का स्नेह और मेरे प्रति सद्भावनाओं को तहे दिल से धन्यवाद देना मेरा सांस्कृतिक कर्तव्य है।

'बसव समिति बेंगलूर' के अध्यक्ष माननीय श्री अरविंद जत्ती जी मेरे बहुत बड़े हितैषी हैं। मेरे साहित्य के कामों में उनका सदैव सहयोग रहा है। 'वचन' ग्रंथ 2500 वचनों का अनुवाद भारतीय और पाश्चात्य 23 भाषाओं में अनूदित है, जो स्वर्गीय प्रो. एम.एम. कलबुर्गी जी के मार्गदर्शन में सम्पन्न हुआ था। उसके 430 वचनों का हिन्दी अनुवाद मैंने किया है। इस ग्रंथ का प्रकाशन 'बसव समिति' से हुआ है, इसलिए बसव समिति, श्री अरविंद जत्ती जी, स्वर्गीय डॉ. एम.एम. कलबुर्गी जी और प्रो. बी.वै ललितांबा जी को धन्यवाद अर्पित करते हुए मुझे हर्ष हो रहा है।

आदरणीय श्री अशोक महेश्वरी जी हिन्दी के बहुत बड़े प्रकाशन हाउस के मालिक हैं और महान पुस्तक प्रेमी हैं। मेरे प्रति उनका स्नेह और उनकी शुभकामनाएँ मुझे सदैव प्रश्नातीत प्रोत्साह के कारण बनते गए हैं। यह ग्रंथ आज मैं आपको दे रहा हूँ, तो श्री अशोक महेश्वरी जी को बहुत बड़ा सांस्कृतिक नमन करना चाहता हूँ। पुस्तक और अक्षरों द्वारा कश्मीर से लेकर कन्याकुमारी तक फैले पाठकों के दिलों को जोड़ना क्या बेजोड़ सांस्कृतिक प्रक्रिया नहीं है? जरूर है। इसलिए सारे कन्नड़ के साहित्यिक हृदयों की ओर से भी महेश्वरी जी

और उनके 'लोकभारती प्रकाशन' को धन्यवाद देना चाहता हूँ। प्रकाशन संस्था के कार्मिक वर्ग को सौ-सौ नमन, जिनके परिश्रम के बिना ऐसे कार्य सम्भव ही नहीं हैं।

अन्त में शिवयोगी सिद्धराम के वचनों की दो पंक्तियाँ याद करते हैं—

विद्या तो श्रमिक के वश में होती है!
ज्ञानी का ज्ञान ब्रह्ममय होता है!

सधन्यवाद।

—प्रो. काशीनाथ अंबलगे

क्रम

लेखक की एक-दो बातें.... 7

वचन साहित्य : एक प्रस्तावना 13
    बहुत्व वचन साहित्य की विशेषता 15
    विश्व के साहित्य पाठक : कन्नड़ वचन साहित्य की ओर... 18

विभिन्न परिस्थितियाँ 21
सुन री सजनी... 29
वचन साहित्य : स्त्री चिन्तन का उत्साह काल 37
जीवन परिचय : सिद्धरामेश्वर 48
    जीवनी 49
    सोन्नलिगे में 52
    अल्लम प्रभु का आगमन 54
    कल्याण की ओर... 57
    ज्ञानी सिद्धराम-शिवयोगी सिद्धराम... 58
    लौटकर सोन्नलिगे को... 59
    इनके वचन 59
सिद्धरामेश्वर के वचन 61

अर्थ निर्देश 99
इसी लेखक के और भी प्रकशित ग्रन्थ 101

वचन साहित्य : एक प्रस्तावना

प्रवेशिका

भारतीय भाषा साहित्य में कन्नड़ साहित्य एक विशेष स्थान रखता है और इसकी श्रीवृद्धि में कन्नड़ साहित्य की विशेष देन है।

कन्नड़ साहित्य इतिहास की धारा में बारहवीं सदी का वचन साहित्य-युग सच्चे अर्थों में 'स्वर्ण युग' कहलाता है। 'वचन साहित्य', 'शरण साहित्य' नामों से भी प्रसिद्ध बारहवीं सदी के काल विशेष में कन्नड़ के कवि-कवयित्रियों ने, जो शिवशरण और शिवशरणिया कहलाते थे, कविताओं की रचना सामाजिक, आर्थिक, सांस्कृतिक और धार्मिक आन्दोलन के लिए की थी। काव्य सृजन इनके लिए साधन मात्र था, न कि साध्य।

लगभग सैकड़ों शरण कवि-कवयित्रियों ने समकालीन सन्दर्भ में व्यष्टि और समष्टि हित को समान रूप से महत्त्व देते हुए, वचन साहित्य की रचना की थी। आज लगभग सैकड़ों शिवशरण और पैंतीस से भी अधिक शिवशरणियों का वचन साहित्य उपलब्ध हुआ है।

'वचन' गद्य-पद्य का सम्मिश्रित सरल-सरस काव्य प्रकार माना जा सकता है। इसीलिए इनके साहित्य को 'वचन साहित्य' के नाम से पहचाना गया है।

इनके जीवन और लेखन, कथनी और करनी में सुन्दर समन्वय देखा जा सकता है। इसीलिए इनके काव्य में जीवन को देखने की स्वस्थ दृष्टि है। इन्होंने जो भी अनुभव किया उसे वाणी में अभिव्यक्त किया, जो भी अभिव्यक्त किया वही जीवन दर्शन बन गया। उनका जीवन दर्शन ही काव्य दर्शन था और वही उनकी जीवन शैली भी थी।

इस काल के लगभग सभी शरण रचनाकार निम्न जाति वर्ग के थे। सभी वृत्तियों के लोगों ने इस काव्य कर्म में भाग लिया था, जैसे—मोची, ढोर, धोबी, हज्जाम, लकड़ी बेचनेवाले, रस्सी बनानेवाले, किसान, नट, गायक, चावल कूटनेवाले आदि। यहाँ तक कि वेश्या सूळे (वेश्या) संकव्वे जैसी महिला भी

हृदय परिवर्तन से शिवशरणी बनी थी और उसने भी वचन की रचना की थी। इतनी बड़ी संख्या में और विशाल आयामों से आए हुए लोगों ने एक स्थान में, एक समय में, एक ही सामाजिक हित के लिए, आत्मबुद्धि एवं समाजशुद्धि के लिए मिलकर साहित्य की रचना की है जो दुनिया के सांस्कृतिक और साहित्यिक लोक में दुर्लभ उदाहरण है।

भारत के पाँच हजार वर्षों या जितना भी बड़ा इतिहास हो—के सांस्कृतिक और साहित्यिक इतिहास में सबसे पहली बार उपेक्षित वर्ग को बोलने का मुक्त अधिकार मिला और उनकी वाणी सार्थक काव्यवाणी बन गई।

एक समय में एक शेक्सपियर या वड्र्सवर्थ का होना, एक कालिदास या रवीन्द्रनाथ टैगोर का होना मेरे लिए या किसी भी स्वस्थ साहित्य प्रेमी के लिए—आश्चर्य की बात नहीं होनी चाहिए। यहाँ तो हर कोई महाकवि था, और कवयित्री महाकवयित्री थी।

संस्कृत से हटकर लोक प्रचलित कन्नड़ भाषा में लिखना पहली बार इन लोगों ने आरम्भ किया और विकास की दृष्टि से कन्नड़ भाषा चरम सीमा को छू गई।

कविता के उद्देश्य की दृष्टि से ये कवि अत्यन्त ही स्पष्ट थे। उनकी दृष्टि में कविता लोगों तक पहुँचकर उनके जीवन को ऊपर उठाने के लिए थी।

जैसा कि माओत्से तुंग ने कहा है—जिसे समूह का शिष्य बनने नहीं आता वह कभी उस समूह का गुरु नहीं बन सकता है। इन शरण-शरणियों ने आम आदमी के जीवन से बहुत कुछ सीखा था। इसीलिए इनके काव्य में आम आदमी का हृदय बोलता है और मार्गदर्शन पाता है।

स्त्री-मुक्ति, जातिवाद का नाश, धर्म के क्षेत्र में लोकतंत्र की स्थापना, श्रम-संस्कृति की श्रेष्ठता एवं सब प्रकार की समानता, कथनी-करनी का सुन्दर समन्वय, मनुष्य-केन्द्रित जीवन-चिन्तन शरण कवियों के काव्य की प्रमुख आवाज थी। समानता ही इनके लिए योग था (समते एंबुदे योग नोड।)

इसलिए विश्वास भरी एवं ऊँची आवाज में यह कहा जा सकता है कि विश्व साहित्य की पंक्ति में कन्नड़ के वचन साहित्य को खुले दिल से रखा जा सकता है।

वचन साहित्य के प्रमुख कवि हैं—बसवण्णा, अल्लम प्रभु, सिद्धराम, चन्नबसवण्णा, अंबिगर चौडय्या, नुलिय चन्दय्य, हडपद अप्पण्णा, अय्दक्को मारय्या, किन्नरी बोम्मगय, मडिवाल माचय्य, मोळिगे मारय्य, तुरगाही रामण्ण, उरिलिंग देव, उरिलिंग पेद्दी, डोहर कक्कय्य, एकांतद रामय्य, नगेय मारितंदे, बहुरूपी चौडय्य, मरूळ शंकरदेव, धट्टिवाळय्य, अजगण्ण, वचन भांडारी शान्तय्य, कोलशान्तय्य, सोड्डुळ बाचरस और अन्य फुटकल शिवशरण।

वचन साहित्य की प्रमुख शरणी कवयित्रियाँ हैं—नीलांबिके, नागलांबिके, मोळिगेय महादेवी, काळव्वे आय्दक्की लक्कम्मा हडपद लिंगम्म, अमुगि रायम्म, सत्यक्क, केतल देवी, वीरम्म, दुग्गळे, गुड्डव्वे, बतादेवी, सूळे (वेश्या) संकव्वे, गगम्म, रेकम्म, मसणम्म, मुक्तायक्क आदि और कई फुटकळ शिवशरणियाँ।

किसी एक भारतीय भाषा का साहित्य ही भारतीय साहित्य नहीं अपितु भारत की किसी भी भाषा का साहित्य 'भारतीय साहित्य' ही है। वचन साहित्य की जनवादी जीवन दृष्टि का अध्ययन भारतीय स्तर पर हो और चर्चा-परिचर्चा का कारण बने—यही प्रेरणा इस ग्रन्थ की रचना के पीछे काम कर रही है।

धर्म, अध्यात्म, शिक्षा और अक्षर लोक से स्त्री वर्ग सदैव वंचित रहा है। किसी समाज और देश की अर्द्ध मानवशक्ति है वह, पर सदैव उपेक्षित। बारहवीं सदी के कन्नड़ साहित्य इतिहास में स्त्री ने अपने व्यक्तित्व की मानवशक्ति को पूर्ण रूप से पहचाना है। वचन साहित्य के माध्यम से उसने अपने स्व को अभिव्यक्त किया है। व्यक्ति और समाज के अन्तरंग-बहिरंग व्यक्तित्व को अक्षरों में उसने सुन्दर ढंग से काव्यात्मक अभिव्यक्ति दी है। सैकड़ों की संख्या में महिलाओं ने वचन साहित्य की रचना की होगी। आज लगभग नौ सौ वर्षों के बाद भी पैंतीस से अधिक महिलाओं का वचन साहित्य उपलब्ध होना कोई कम सांस्कृतिक आश्चर्य की बात नहीं है।

बारहवीं सदी की शिवशरणियों में वीर विरागिनी अक्कमहादेवी का नाम शीर्ष स्थान पर है। अक्कमहादेवी का व्यक्तित्व, बुद्धि-शक्ति, नैतिक-शक्ति, सौन्दर्योपासना की शक्ति, धर्मानुसंधान की शक्ति, अध्यात्म और प्रेमात्म की शक्ति का सुन्दर समन्वय था। सभी शिवशरणियों में अक्कमहादेवी के वचनों की संख्या अधिक है। अनुभव मंटप में वह केन्द्र बिन्दु के रूप में सबकी चहेती शिवशरणी थीं। काव्याभिव्यक्ति की महान प्रतिभा, भक्ति और विनय का उत्तुंग शिखर, असीम आत्मबल और साहस उनके व्यक्तित्व की अन्य सहज विशेषताएँ थीं।

बहुत्व वचन साहित्य की विशेषता

बहुत्व वचन साहित्य की विशेषता है। बहुजन वर्ग के श्रमिक यहाँ साहित्य की सृजनशीलता में लगे रहे हैं। एक वचनकार लिखते हैं कि 'करोड़ों वचन लिखकर थक गया हूँ।' इतनी बड़ी संख्या में, हर क्षेत्र के श्रमिकों ने, जनभाषा कन्नड़ में, अध्यात्म और समाजमुखी चिन्तन को समान रूप से अभिव्यक्ति देने की रोचकता, यह सब कैसे सम्भव हुआ होगा?

बड़ी सूक्ष्मता से और शान्तभाव से किसी भी प्रकार के पूर्वग्रह से मुक्त होकर यदि आप समग्र वचन साहित्य का अध्ययन करेंगे तो कई रोचक विचारों से आप अवश्य ही प्रभावित होंगे। यहाँ सब वचनकारों ने चर्चा-परिचर्चाओं में भाग लिया था, भीतरी चर्चा और विमर्श एवं एक दूसरों के वचनों की चर्चा और विमर्श यहाँ हुआ है। अल्लम प्रभु को सभी गुरु समझते थे और सबने उनके ज्ञान शिखर का लाभ उठाया है। अल्लम प्रभु बसवेश्वर को गुरु कहते हैं और अपने गुरु मात्र नहीं बल्कि बसवेश्वर को तो सबके गुरु समझते हैं अल्लम। अक्कमहादेवी के वचनों की श्रेष्ठता की प्रशंसा सिद्धरामेश्वर करते हैं तो सिद्धरामेश्वर के वचनों को अक्कमहादेवी श्रेष्ठ समझती हैं। चन्नबसवण्णा तो आयु में सबसे छोटे थे पर ज्ञान की दृष्टि से सबने उनके ज्ञान को स्वीकार किया था। तात्त्विक दृष्टि से सूक्ष्म चिन्तन उनके वचनों की विशेषता रही है। वे सबको मार्गदर्शन करते थे।

प्राय: अनुभव और अनुभाव के इस प्रकार मुक्त लेन-देन से एक सामूहिक चिन्तन की गरिमा बढ़ाने का विश्व में यह एक विरल मिसाल था। विश्व में प्राय: समकालीन लेखक-चिन्तक समूह सदैव एक-दूसरों की उपेक्षा करके एक-दूसरों को पीछे छोड़ने के उदाहरण ही जीवित हैं। पर यहाँ वचन साहित्य के सन्दर्भ में प्रत्येक वचनकार दूसरे वचनकारों की प्रतिभा के विकास में पूरक रहे हैं। प्राय: इसीलिए स्वस्थ समाज के लिए स्वस्थ साहित्य के उत्पन्न की जनवादी सांस्कृतिक घटना यहाँ सम्भव होना देखने को मिलती है। इतनी बड़ी संख्या में वचनकारों की अधिक संख्या में वचनों की रचना का कारण भी यही रहा है कि इन्होंने काव्य को एक सामूहिक और सामाजिक चेतना के रूप में स्वीकार किया था।

एक यह भी विचार वचन साहित्य को लेकर मुझे बार-बार लगा है और लिख भी रहा हूँ कि यहाँ पांडित्य, प्रतिभा और काव्य की सृजनशीलता का बहुत बड़ा विकेन्द्रीकरण हुआ था। जानवर चरानेवाला दनगाही रामण्णा (जानवर चरानेवाला रामण्णा) एवं सूळे संकव्वे (वेश्या संकव्वे) तक ने वचन काव्य की रचना की थी। इनको किसी भी समाज का अन्तिम नागरिक कह सकते हैं। सृजनशील अभिव्यक्ति में इनकी भागीदारी ने वचन साहित्य के स्तर को ऊँचा स्थान दिया है। यहाँ संस्कृत ही श्रेष्ठ नहीं है बल्कि जनभाषा कन्नड़ भी श्रेष्ठ है। पंडित वर्ग को ही लिखने का अधिकार नहीं है बल्कि कोई श्रमिक भी श्रेष्ठ साहित्य लिख सकता है। कोई विश्वविद्यालय अथवा स्थापित विद्याकेन्द्र या राजाश्रित विद्वान मंच ही श्रेष्ठ नहीं है बल्कि प्रतिदिन अनुभव मंटप में सब बैठकर जो चिन्तन-मंथन करते हैं वही श्रेष्ठतम तत्त्व दर्शन है, साहित्य दर्शन है और जीवन दर्शन है।

वचन साहित्य सन्दर्भ की एक रोचक विशेषता की ओर भी पाठकों का ध्यानाकर्षित करने की मेरी इच्छा हो रही है। यहाँ शासक श्रमिक बनने के लिए बड़े उत्सुक हैं। कश्मीर के राजा और उसकी पत्नी अनुभव मंटप के सदस्य बनकर अध्यात्म और सत् चित् आनन्द की प्राप्ति के लिए कल्याण आकर मोळकेरी नामक गाँव में रहकर, लकड़ी जंगल से लाते थे और बेचकर कायक से जीवनयापन करते हुए शरण संकुल के चिन्तन में भागीदारी करते थे। बसवेश्वर बिज्जळ राजा के यहाँ भंडारी थे और शाम तक कर्तव्य कर राजपोशाक शाम को निकालकर रखते थे एवं सरल शरण वेशभूषा में अनुभव मंटप की ओर चल पड़ते थे।

उरिलिंग पेद्दी एक बहुत बड़े मठ के मठाधीश थे, कई मठ इनके अधीन में थे। पर इन सबको त्यागकर उरिलिंग पेद्दी कल्याण की ओर पत्नी के साथ चल पड़ते हैं और एक सरल कायक करते हुए अनुभव मंटप में प्रभाग लेते हैं। यह इस जनवादी जनहित दृष्टि देने की स्वस्थ नजरिया वचन साहित्य की रही है। इसीलिए इसका विस्तार बड़ा है, भाषाभिव्यक्ति की शक्ति गहरी है, सदैव जीवन के स्तर को ऊपर उठाने के लिए वचन साहित्य जागरूक एवं प्रतिबद्ध है।

वचन साहित्य विधा पर अभी भी दो-चार विचार विस्तार कर सकते हैं। बारहवीं सदी के वचन साहित्य सन्दर्भ का 'वचन' एक विशेष प्रकार की 'काव्य विधा' है। वचन 'पद्य प्रकार' तो है पर इसे सरलता, सरसता और संक्षिप्तता के साथ सरस गद्य लय में रचित 'गपद्य' रूप कहा जा सकता है। वचन के रचनाकार 'वचनकार' और 'वचनकार्ती' कहलाते हैं। यह भक्त और भगवान के बीच संवाद है पर सदैव यहाँ सामाजिक चेतना जागृत है। हर वचनकार सामान्यत: अपना नाम नहीं, बल्कि अपने आराध्य देव का नाम वचनांकित के रूप में रखता है। उदाहरण के लिए बसवेश्वर का वचनांकित है 'कूडलसंगमदेव', अल्लम प्रभु का 'गुहेश्वर', अक्कमहादेवी का 'चन्नमल्लिकार्जुन' इत्यादि।

'वचन साहित्य' की यह भी विशेषता है कि किसी एक युग में एक ही काल सन्दर्भ में इतनी बड़ी संख्या में वचनकारों ने वचन साहित्य की रचना की है। वह रचना चर्चा-परिचर्चा केन्द्रित है। 'अनुभव मंटप' में जो 'अनुभाव मंटप' भी था, सब शरणकुल जमा होते थे और अध्यात्ममुखी और समाजमुखी चर्चा करते थे और उसका सृजनशील उत्पन्न होता था 'वचन साहित्य'। इन वचनकारों में राजा और रंक, मंत्री और दंडनायक, जुलाहे, धोबी, नाइंद, व्यापारी, बढ़ई, किसान, मजदूर, चावल बीननेवाला, झाड़ू लगानेवाला, स्त्री-दलित सब समाहित थे।

बहुत्वमुखी कवि लेखक बहुत्वमुखी चिन्तन वचन में अभिव्यक्ति देते थे। कहा गया है कि लगभग 300 से अधिक वचनकार एवं 35 से अधिक वचनकार्तियाँ रही होंगी। इनका तात्त्विक विचार प्रधानत: भक्ति-कायक-दासोह-समानता केन्द्रित था। इसका विस्तार 'वचन' में एकेश्वरवाद जगत सत्य है, जगत शिवमय और कल्याण मार्ग का कार्यागार है, जातिवाद और अस्पृश्याचरण का खंडन, समानता की ऊँची आवाज में प्रतिपादन, दैहिक परिश्रमप्रधान सत्य शुद्ध उद्देश्यों का कायक, गृहस्थ जीवन साधना मार्ग में बाधक नहीं, स्त्री को समान और गौरवपूर्ण स्थान और उसके अस्तित्व का पूर्णरूपेण स्वीकार, कथनी-करनी में समानता, कर्मकांड और यज्ञ यागादि का निराकरण, अन्धविश्वास का खंडन, संग्रह प्रवृत्ति की दुराशा का दूरीकरण इन विषय विचारों के चौतरफा घूमते-फिरते रहता है वचन साहित्य। 'वचन' रचना द्वारा कन्नड़ भाषा की अभिव्यक्ति शक्ति का विकास चरम बुलंदी का स्पर्श करता है। इनके वचन साहित्य में 'व्यष्टि-समष्टि' का सुन्दर समन्वय सदैव उपस्थित है। समाजोद्धार के लिए वचन साहित्य है, वचन साहित्य सोद्देश्य है, जनहित में है।

विश्व के साहित्य पाठक : कन्नड़ वचन साहित्य की ओर...

कन्नड़ के वचन साहित्य की साहित्यिक और सामाजिक शक्ति सर्वोपरि है। विश्व के साहित्य पाठकों को विशेष रूप से अपनी ओर आकर्षित करने के कई स्वभाव गुण इसमें निहित है। इस साहित्य के बहुत्व गुण अन्य भाषा साहित्य में देखने को नहीं मिलेगा।

लगभग तीन सौ से अधिक श्रमिक वर्ग के कवि कवयित्रियों ने यहाँ वचन नामक काव्य की रचना की है, साहित्यिक चिन्तन किया है, साहित्य और सामाजिक आयामों के समन्वय का स्वस्थ विवेचन इन्होंने प्रस्तुत किया है। कई रीतियों की असमानताओं के समाज को 'समता ही एक योग है' जैसे सार्वकालिक महत्त्व की घोषणा और लेखन इनका रहा है।

महिलाएँ इस दुनिया में सदैव ही उपेक्षित रही हैं, उनको सामाजिक भागीदारी से दूर रखकर साहित्य एवं सांस्कृतिक लोक में हासिये पर रही हैं वह। पर इस वचन साहित्य के सन्दर्भ में महिला अपने व्यक्तित्व विकास की बुलंदी पर पहुँच चुकी थी ऐसा लगता है। आज लगभग नौ सौ वर्षों के बाद पैंतीस से अधिक वचनकार्तियों का वचन साहित्य उपलब्ध होना परमाश्चर्य तो है ही, और यह सुनकर दु:ख भी होता है कि वैश्विक साहित्य सिनारियो में इसका उल्लेख उपलब्ध नहीं है। अनुभव और अनुभाव, साहित्य में सृजनशीलता और चिन्तन मंथन, पुरुष वर्ग

के वचनकारों के साथ स्त्री का समान रूप से लिखना उठना बैठना, पुरुष वर्ग को कई सन्दर्भों में नीतिपाठ करके मार्गदर्शन करना विशेष विचार है। इन वचनकारों ने अध्यात्म, समाजमुखी चिन्तन के लिए, काव्य और भाषा की सूक्ष्मताओं की चर्चा-परिचर्चाओं के लिए एक 'अनुभव मंटप' (Intellectual Parliament) की स्थापना की थी। उसकालीन सब शरण संकुल में महाप्रतिभावान घुमक्कड़ फक्कड़ जंगम (चलनशील) जीवी अल्लम प्रभु को अनुभव मंटप की अध्यक्षता का स्थान दिया गया था। अनुभव मंटप के सदस्यों के लिए यह अनिवार्य था कि हर किसी को कोई न कोई कायक करना चाहिए। आजीविका के लिए दिन भर सत्य शुद्ध कायक (परिश्रम) करो और शाम को अनुभव मंटप के चिन्तन में सक्रिय भागीदारी करो। हर एक सदस्य को अपने व्यक्तित्व में 'समानता के तत्त्व' को समझना अनिवार्य है। तो विश्व के साहित्य पाठक इसे पढ़ना क्या पसन्द नहीं करेंगे? मैं समझता हूँ कि विश्व के हर पाठक को जो साहित्य में रुचि रखता है यहाँ रोचक अनुभव होगा। उनके इस साहित्य के आमने-सामने होने से व्यक्तित्व में अल्प मात्र तो हलचल होगी।

ऐसा एक वास्तविक वैश्विक अनुभव सुनाने के लिए भी ऐसी प्रस्तावना की बातें कर रहा हूँ। मेरा एक लेखक मित्र है प्रो. टी.वी. कट्टीमनी जो आज एक अन्तर्राष्ट्रीय आदिवासी केन्द्रीय विश्वविद्यालय के कुलपति भी हैं। अपनी एक सांस्कृतिक आदान-प्रदान की योजना में वे बेल्जियम गए थे और एक विश्वविद्यालय में कन्नड़ साहित्य पर बोलने के लिए उनसे विनती की गई थी। उनके भाषण के अन्त में सामने बैठी एक युवा महिला पत्रकार प्रश्न करती है कि What do you mean by 'इस्टलिंग'? 'कायक' 'दासोह' का क्या अर्थ है? विस्तार से समझाने की विनती करती है। किसी प्रकार इन्होंने समझाया और कार्यक्रम के बाद चायपान के सन्दर्भ में उस महिला से पूछते हैं कि 'आप इस इस्टलिंग, कायक, दासोह के सम्पर्क में कैसे आईं?' वह कहती है कि मैंने बनारस में ये किताबें देखी थीं— 'बारहवीं सदी की कन्नड़ कवयित्री अक्कमहादेवी और स्त्री विमर्श', 'बारहवीं सदी की कन्नड़ कवयित्रियाँ और स्त्री विमर्श'। देहली में 'राधाकृष्ण प्रकाशन' से मैंने ये किताब परचेज किया है।

आज भारत के बाहर सैकड़ों देशों में हिन्दी विभाग है और लोग इसमें रुचि लेकर हिन्दी पढ़ रहे हैं। भारत को जानने के लिए भी वहाँ उत्सुकता है। यह आज की वैश्विक, सांस्कृतिक एवं भाषाई स्थिति-गति है।

उस महिला के संवाद को लेकर डॉ. कट्टीमनी जी लिखते हैं कि 'हमारे बसवण्णा और अक्कमहादेवी ने यूरोपीय पाठकों के चित्त में हलचल कर दिया है। अंबलगे एक 'अनिवार्य आदत' की तरह हिन्दी में वचन साहित्य पर लिख

रहे हैं। मुझे बेहद खुशी होती है कि वचन साहित्य को वैश्विक मंच पर पहुँचाने का सार्थक काम हो रहा है। वचन साहित्य में वैश्विक मंच से पढ़े जाने की शक्ति भी है।'

मुझे वचन साहित्य पर हिन्दी में काम करते समय यह विचार एक ऑक्सीजन की तरह प्रेरित करता है। तेजस्वी ने कर्नाटक साहित्य अकादमी से प्रकाशित किताब में 'अंबलगे के हिन्दी लेखन' जैसा एक लेख भी लिखा है।

इन बातों का जिक्र मैं यहाँ इसलिए भी कर रहा हूँ कि हमें यह भलीभाँति पता चले कि विश्व साहित्य के मंच पर वचन साहित्य उपलब्ध हो।

विभिन्न परिस्थितियाँ

राजनीतिक

लगभग ग्यारहवीं सदी से उत्तर भारत की राजनीतिक परिस्थितियों में तीव्र परिवर्तन दिखाई देते हैं। इसी प्रकार दक्षिण भारत में भी विशेष राजनीतिक उथल-पुथल दिखाई देती है।

कन्नड़ के बरावी और शिवशरणों के वचन साहित्यकालीन राजनीतिक परिस्थितियों का महत्त्व इनके साहित्यिक और धार्मिक-सामाजिक क्रान्ति के कारण से ही बढ़ जाता है।

सन् 1105 से 1350 तक के दो सौ वर्ष के कर्नाटक के इतिहास में प्रारम्भिक सौ वर्षों के प्रथम काल की महत्त्वपूर्ण घटना है—कल्याण के चालुक्य वंशीय राजाओं का पतन और कलचूरी राजा बिज्जळ की उन पर विजय।

इनका शासन काल अत्यन्त ही छोटा था। कलचूरी राजा बिज्जळ के शासनकाल में कोई शान्ति-समृद्धि या स्थिरता नहीं थी। इनके शासन का महत्त्व बसव और अन्य शरणों के साहित्यिक, धार्मिक और सामाजिक क्रान्ति का कारण था। मात्र शरणों के धार्मिक और साहित्यिक कार्यों से इतिहास में बिज्जळ का अध्ययन हुआ करता था।

बसवेश्वर, बिज्जळ के मंत्री थे और साथ ही वचन साहित्य की रचना धार्मिक एवं सामाजिक परिवर्तन के लिए करते थे।

धार्मिक

कर्नाटक में बसवेश्वर और अन्य शिवशरणों की पूर्वकालीन धार्मिक परिस्थिति अत्यन्त ही हीनावस्था में थी। धर्म में कई प्रकार की ऊँच-नीच की भावना थी। धर्म मानवीय भावनाओं को त्यागकर संकीर्ण बन गया था। कई प्रकार के धर्म-उपधर्म की गलियों में मनुष्य भटका हुआ था। धर्म के नाम पर सामान्य लोगों का शोषण

हुआ करता था और कई प्रकार के अत्याचार, अन्याय और बलि आदि धर्म की आड़ में चलते थे। जाति-उपजातियों में संघर्ष सामान्य बात हो गई थी। समाज ब्राह्मण, क्षत्रिय, वैश्य और शूद्र जैसे वर्गों में विभाजित था। उच्च जाति के ब्राह्मण अपने आपको धर्म का ठेकेदार समझते थे और दूसरों का शोषण करते थे। तद् युगीन सब प्रकार की सुविधाएँ ब्राह्मणों के यहाँ केन्द्रित थीं। इसीलिए अनिष्ट जाति पद्धति के मूल वर्ण को बसवण्णा ने चुनौती दी और कहा कि उद्योगों के अनुसार आदमी को पहचाना जाना चाहिए :

> 'वर्णानां किं प्रयोजनं?' इसीलिए / लोहा गरमाया लोहार कहलाया / कपड़ा धोया धोबी कहलाया / सूत ताना जुलाहा कहलाया / वेदपाठ किया विप्र कहलाया, जग में कान से कोई पैदा हुआ है?

शूद्रों का जीवन तो पशु-पक्षियों से भी गिरा हुआ था। अस्पृश्य गाँव से हटकर दूर झोंपड़ियों में रहते थे। इनको घंटी बजाते हुए गाँव में प्रवेश करना पड़ता था ताकि उच्च वर्ग के लोग इनकी छाया से भी बच सकें। उच्च जाति के लोगों की वाणी ही दूसरों के लिए धर्म था, और कोई प्रश्न भी नहीं कर सकता था। लोगों के धर्माचरणों में धर्म की बातें कम और श्रद्धा अधिक थी। धर्म के नाम पर वामाचार अत्यन्त ही असह्य था। अन्धश्रद्धाओं में जकड़े लोगों की मानसिकता की ओर डॉ. पि. बि. देसाई ने इशारा किया है कि :

'Religion, religious dogmas, religious observances and superstitions held men and their minds under their firm grip. Vedic Sacrifices were performed and animals were Immolated'.

लोग यह मानते थे कि गाँवों की चारों दिशाओं में अनिष्ट शक्तियाँ वास करती हैं और इनकी असन्तुष्टि के कारण बीमारियाँ फैलती हैं। इसलिए इन्हें प्रसन्न करने के लिए लोग, दर्गम्मा, कबम्मा, चौड़म्मा आदि ग्राम देवताओं की उपासना करते थे। इनको प्रसन्न करने के लिए पशुबलि चढ़ाना, अग्नि पर चलना और इनके लिए जात्रा महोत्सव करना आदि अन्ध श्रद्धाओं से मनुष्य घिरा हुआ था। इन शक्ति-देवियों के उत्सवों में पशुबलि, स्त्रियों की नग्नसेवा और कहीं-कहीं तो नर बलि भी दी जाती थी।

मूर्तिपूजा की प्रधानता थी इसलिए असंख्य मन्दिर और मठों के निर्माण हुए धार्मिक जीवन में पुजारियों की प्रधानता थी। मन्दिरों में धर्म की साधना नहीं बल्कि ऐश की आराधना होती थी। ये शोषण और धनार्जन के केन्द्र बन गए थे। अपना-अपना स्वार्थ साधने के लिए उच्च जाति के लोगों ने मन्दिरों का पूरा-पूरा दुरुपयोग किया। देवदासी पद्धति प्रचलित थी। देवदासियों ने देवताओं को नृत्य

चढ़ावे के स्थान पर पुजारी और उच्च जाति के लोगों को अपना शरीर दिया। इसीलिए बसवेश्वर ने मन्दिर निर्माण का विरोध किया होगा :

धनवान शिव मन्दिर बनवाते हैं,
मैं गरीब, मैं क्या कर सकता हूँ।
मेरे पैर ही मीनार, शरीर ही मन्दिर,
शिर ही सोने का मुकुट है,
कूडल संयमदेव! जड़ नाशमय है चेतन अविनाश है।

लेकिन कुछेक मठ-मन्दिरों ने सांस्कृतिक केन्द्र बनकर शिक्षा-प्रसार का काम किया लेकिन अधिकांश मठ-मन्दिर और तीर्थ अन्धभक्ति, अज्ञान और शोषण के केन्द्र थे। वेदशास्त्र का अध्ययन भी स्वार्थ साधने के लिए हुआ करता था। उनके यथार्थ ज्ञान से सामान्य लोगों को दूर रखा गया था। पशुबलि और जड़ कर्मकांड के वेदशास्त्रों का खंडन इन शिवशरणों ने इसीलिए किया है।

सैकड़ों देवों की आराधना में फँसे हुए मनुष्य की बुद्धि पर अज्ञान की चादर फैली हुई थी। लोगों को अन्धविश्वास और अज्ञान के दलदल से मुक्त करने का शिवशरणों का प्रयास एक महान कार्य था।

उच्च जाति और वर्ग के लोगों ने समाज का शोषण करने के लिए धर्म को माध्यम बनाया था। वेदाध्ययन का अधिकार स्त्री और शूद्रों को नहीं था। नारी की स्थिति अत्यन्त ही दयनीय थी। वह किसी प्रकार के संस्कार के योग्य नहीं मानी जाती थी। वह भोग की वस्तुमात्र थी। होम-हवनादि अर्थहीन आचरणों की भरमार थी।

भाग्यवादी लोगों की मानसिकता यह सोचकर शान्त थी कि जो मिलता है उसे स्वीकार करना चाहिए, यह सब पूर्व जन्म का फल है। लोग शगुन-भविष्य आदि पर अधिक आश्रित थे।

जब एक समूचे समुदाय के जीवन में इस प्रकार का अज्ञान फैला हुआ हो तो उस पर विचार करना, क्रान्ति की ओर ले जाना अत्यन्त आवश्यक होता है। शिवशरणों ने समाज को इसी ज्ञान प्रकाश की ओर ले चलने का काम किया था।

सामाजिक

शिवशरणों का पूर्वकालीन समाज अत्यन्त ही हीनावस्था में था। अशान्ति, अतृप्ति, संघर्ष और सामाजिक मूल्यों का नाश, धर्म का अध:पतन तत्कालीन समाज

का पतित रूप था। कई प्रकार की असमानताओं से समाज विषैला बन चुका था। उच्च-नीच जातियाँ, उद्योग में श्रेष्ठ-कनिष्ठ, आर्थिक दृष्टि से अमीर-गरीब, स्त्री-पुरुष भेद, और इसी प्रकार की अन्य असमानताओं से समाज रोगग्रस्त बन गया था। कथनी-करनी, अन्तरंग-बहिरंग में विभेद, स्वउद्योग में निष्ठा का अभाव और बाह्याडम्बर में जीवन व्यतीत करता हुआ, अनीतियों और धर्मान्धता के पंजे में सामान्य मनुष्य जकड़ा हुआ था। इस प्रकार समाज असन्तुष्ट था।

खेती उस युग का प्रमुख उद्योग था। लुहार, कुम्हार, जुलाहा, मोची और धोबी आदि अपने-अपने उद्योग करते थे। ये उद्योग वंश परम्परा से चल रहे थे। वैश्य व्यापार करते थे। दूसरे लोग आवश्यक वस्तु इनसे खरीदते थे।

जाति-पद्धति प्रचलित थी। ब्राह्मण, क्षत्रिय, वैश्य, शूद्र जैसे वर्ण में समाज बँट गया था। यों तो वर्ण पद्धति के कठोर नियम ढीले पड़ गए थे। और कई प्रकार की जाति-उपजातियों का निर्माण हो चुका था। ब्राह्मण इनमें उच्च क्षेत्रीय शासन के अधिकारों का अनुभव करते थे और समाज में वैश्यों और शूद्रों की उपेक्षा थी। क्षत्रियों को ब्राह्मणों से शिक्षा मिलती थी। शिक्षा, धर्म, उपनिषद और वेदाध्ययन ब्राह्मणों की सम्पत्ति बन गई थी।

चातुर्य वर्ण के अलावा एक वर्ग अस्पृश्यों का था जिनका जीवन कुत्तों से भी गिरा हुआ बन गया था। अछूतों की छाया से भी उच्च वर्ग के लोग बचते थे। उनके साथ खान-पान के सम्बन्धों की कल्पना भी नहीं की जा सकती थी। समाज के सभी वर्गों की सेवा करने पर भी गाँव से दूर झोंपड़ियों में सांसारिक सुख-सुविधाओं से वंचित होकर उन्हें रहना पड़ता था। अस्पृश्यों की स्थिति अत्यन्त ही दयनीय थी। इस अन्त्यज का तो नाम तक नहीं होता था। इस प्रकार शूद्र और अस्पृश्यों का जीवन अत्यन्त ही दयनीय और हीन था। शारीरिक दृष्टि से वे मनुष्य लगते थे पर मनुष्य की सुविधाएँ उन्हें प्राप्त नहीं थीं। इसीलिए बसवेश्वर ने स्पष्ट रूप से जाति-पद्धति का विरोध किया और कुल को निष्प्रयोजक बताया है।

ब्राह्मणों के बाद समाज में दूसरा स्थान क्षत्रियों का था। यज्ञ आदि करने, शिक्षा प्राप्त करने का अधिकार इन्हें था। मृत्युदंड से ये मुक्त थे। तीसरा स्थान वैश्यों का था। ये व्यापार करते थे। समाज में चौथा स्थान शूद्रों का था जिनका सारा जीवन उच्च जाति के लोगों की सेवा में बीत जाता था। समाज में इन्हें न कोई अधिकार था न कोई सुविधा। अन्तिम और अत्यन्त ही उपेक्षित वर्ग अस्पृश्यों का था।

इन जाति और वर्गों के अतिरिक्त कई प्रकार की जाति-उपजातियाँ बन चुकी थी। सोड्डल-बाचरस का एक वचन, यह स्पष्ट करता है कि किस प्रकार

उस युग में पुरुष के भिन्न-भिन्न अंगों से भिन्न-भिन्न जातियों की कल्पना की गई थी :

मस्तक ब्राह्मण, नयन क्ष.त्रेय,
नाक बनिया, अधर खेतिहर
चोटि ब्राह्मण, नेत्र क्षत्रिय
नाक बनिया, अधर किस.न,
कान ग्वाल, गर्दन कुम्हार
बाँहें पंचाल, हथेली गौड़ा
नख हज्जाम, पेट डोंब
पीठ धोबी, त्वचा जुलाहा।

अन्तरजातीय विवाह का उस समाज में विरोध था। धर्मशास्त्र में विवाह की अनुलोम पद्धति की अनुमति थी। नरेशों कि बहुपत्नियाँ होती थीं। प्रत्येक जाति में कई उपजातियाँ होती थीं और उन उपजातियों में ही विवाह होते थे। छोटी आयु में विवाह होते थे।

शिवशरण पूर्व युगीन समाज में नारी की अत्यन्त दयनीय स्थिति थी। वह भोग की वस्तु, पाप की पिटारी और साधन के मार्ग में बाधा डालनेवाली पापिन मानी जाती थी। उस युगीन सामाजिक व्यवस्था की विडम्बना है कि शूद्र और स्त्री किसी प्रकार के संस्कार के अयोग्य माने जाते थे, और माना जाता था कि वह किसी प्रकार के स्वातंत्र्य के योग्य नहीं। स्त्री को बाल्यावस्था में पिता पर, यौवनावस्था में पति पर, और वृद्धावस्था में पुत्र पर निर्भर रहना पड़ता था। नारी सम्बन्धी मनु का यह श्लोक प्रसिद्ध है :

पिता रक्षति कौमारे, भर्ता रक्षति यौवने
रक्षति स्थाविरे पुत्रा, न स्त्री स्वातंत्र्यमर्हति।

वैदिक और जैन धर्म स्त्री को मुक्ति प्राप्ति के योग्य नहीं मानते थे। जीवन की कोई सुविधा नारी को प्राप्त नहीं थी जो पुरुष को थी। शिक्षा से वंचित नारी को पुरुष की छाया के समान जीवन व्यतीत करना पड़ता था। सती प्रथा प्रचलित थी। अपमानजनक, उपेक्षित विधवा जीवन से ऊबकर सती होना ही वह श्रेष्ठ समझती थी। क्षत्रियों में यह पद्धति अधिक थी। स्त्री की इच्छा-अनिच्छा की उपेक्षा कर उसे मृत पति के साथ जला दिया जाता था। इस प्रकार उस समाज में हजारों बन्धनों में बँधी स्त्री सजीव शव थी। नारी को इस दलदल से मुक्त करने के लिए शिवशरणों ने स्त्री-पुरुषों की समानता की घोषणा कर दी और समग्र व्यक्तित्व विकास की सुविधाएँ उसे दी गई।

कुछेक मठ-मन्दिरों ने सामाजिक जीवन को सुखी करने का प्रयास किया था। ये सांस्कृतिक और विद्या के केन्द्र होते थे। लेकिन अधिक संख्या में मठ-मन्दिर अज्ञान, अविद्या, अन्धश्रद्धा, स्वार्थ और शोषण के केन्द्र बन चुके थे।

भेदभावना की वृत्ति ने समाज को टुकड़े-टुकड़े कर दिया था। ब्राह्मण का पुत्र ब्राह्मण और कुम्हार का पुत्र कुम्हार ही हो सकता था। ब्राह्मण मात्र वेदशास्त्राध्ययन से हटकर अन्य उद्योग कर सकता था लेकिन शूद्र या अस्पृश्य ऐसा नहीं कर सकता था।

समाज की इस व्यवस्था ने ब्राह्मणेतरों को प्रगति की ओर जाने से रोका था। मेहनतवाले सारी सुविधाओं से वंचित थे, ब्राह्मण, राजा, मठाधीश, मंत्री, पुजारी आदि दूसरे के मेहनत का फल भोग रहे थे। अन्धश्रद्धा, आलस्य, अज्ञान, स्वार्थ, जड़ परम्पराओं ने समाज को कमजोर बना दिया था। धार्मिकाचरण का प्रतीक देवदासी ने वेश्यावृत्ति का रूप ले लिया था।

इस प्रकार कई प्रकार के विचित्र और भयंकर अन्धविश्वासों के जाल में समाज जकड़ा हुआ था। स्त्री की उपेक्षा सब जाति और वर्गों में थी।

कन्नड़ के शिवशरण कालीन समाज की रचना और परिस्थितियाँ उपरोक्त कह दी गई हैं। समाज के जागरूक और सजग प्रहरी बसवेश्वर और अन्य शिवशरणों ने धार्मिक क्रान्ति द्वारा सामाजिक और साहित्यिक क्रान्ति कर दी। सब प्रकार से समान समाज की स्थापना उनका उद्देश्य था। इसी उद्देश्य की प्राप्ति के लिए इन्होंने काव्यशास्त्र का प्रयोग किया था। इस प्रकार के काव्य का अध्ययन उसकी सामाजिक चेतना की दृष्टि से करना अपने आप में महत्त्वपूर्ण स्थान रखता था।

साहित्यिक

बारहवीं सदी के शिवशरणों के पूर्वकालीन संस्कृत प्रधान साहित्य का बहुत बड़ा भाग बहुत बड़ी संख्या में लोगों के लिए बहुत बड़ा शून्य (Zero) था। राजाश्रय में रहकर परम्परावादी पंडितों ने चम्पूकाव्य की रचना की। राजा-महाराजाओं, पंडितों और वैद्यों का दासी कन्नड़-साहित्य संस्कृत के शिकंजों में सिसकियाँ ले रहा था।

लोग यह मान रहे थे कि काव्य प्रतिभा ईश्वर की देन है, पूर्वजन्म के पुण्य मात्र से ही कोई काव्य रचना की शक्ति प्राप्त कर सकता है। राजाश्रित वह साहित्य उन नरेशों की श्रृंगारिक मानसिकता को तृप्त करने में ही धन्य समझता था और आश्रयदाता नरेशों को चाँद, सूरज, वीराधिवीर, अरिकेसरी आदि बढ़ा-चढ़ाकर वर्णन करने में वह तृप्त था। इनके राजा इनकी रचनाओं में महाभारत के वीरनायक थे। ये रचनाएँ सामान्य लोगों तक जाने, आलोचकों से आलोचित और चर्चित होने,

ज्ञानवृद्धि करने के लिए नहीं, बल्कि राजा की प्रशंसा प्राप्त करने और पूजागृहों में पूजित होने के लिए थीं। सामान्य लोग, शूद्र और अस्पृश्यों एवं स्त्री के लिए साहित्य अस्पृश्य और जड़ वस्तु थी।

ग्यारहवीं सदी का कन्नड़ साहित्य शास्त्र-साहित्य (रीति साहित्य) माना जाता है; दसवीं सदी के उत्तरार्ध में नागवर्मा प्रथम की 'धन्दोबुधि' ग्यारहवीं सदी के लिए चाउंडराय द्वितीय की 'लोकोपकार' चन्द्रराजा की 'मदनतिलक, श्रीधराचार्य की 'जातक तिलक' आदि शास्त्र-साहित्य की रचनाएँ हैं।

वचन साहित्य के पूर्व के साहित्य की विशेषताएँ इस प्रकार गिनी जा सकती हैं :

(1) परम्परावादी साहित्य
(2) पंडितों की पांडित्यपूर्ण काव्य की रचना
(3) रीतिबद्ध चम्पूकाव्य की रचना
(4) काव्य में विविधता नहीं, चर्वित-चर्वण विचार
(5) संस्कृत भाषा का पूरा प्रभाव
(6) केवल वस्तुनिष्ठ काव्य (कला के लिए कला)
(7) सीमित पाठक-वर्ग (केवल पंडितों) के लिए रचा गया साहित्य
(8) राजाश्रित साहित्यकार
(9) कल्पना और अवास्तविक वर्णनों की भरमार
(10) आश्रयदाता नरेशों का बढ़ा-चढ़ाकर वर्णन
(11) जनविरोधी साहित्य-मूल्य

तद् युगीन साहित्य राजा-महाराजा और दरबार के निकट और सामान्य लोगों से दूर था। उसी साहित्य को भव्य माना जाता था।

वचन साहित्य के पूर्व साहित्य की ऐसी ही स्थिति थी, वहीं बारहवीं सदी का साहित्य परिवर्तन की दिशा ढूँढ़ रहा था। समय परिवर्तन की प्रतीक्षा कर रहा था। बारहवीं सदी में बसवेश्वर और उनके अन्य समकालीन शरणों से पूर्व 'वचन' साहित्य समय की माँग थी। पंडितों से सामान्य लोगों की ओर, संस्कृत के प्रभाव से देशी भाषा की ओर साहित्य जा रहा था। वचन-साहित्य पुरानी कन्नड़ से मध्यकालीन कन्नड़ की ओर, चम्पूरीति से देशीय रीति की ओर, कठिनता से सरलता की ओर, भ्रमों से स्पष्टता की ओर अग्रसर होता हुआ दिखाई देता है। वचन साहित्य की लोकोन्मुखी विषयवस्तु, सरल कन्नड़, नई शैली गद्यात्मक पद्य के अपने गुणों के कारण लोगों को अपनी ओर तुरन्त आकर्षित करने लगा। सामाजिक चेतना वचन साहित्य की अपनी विशिष्ट शक्ति बन गई थी। बारहवीं सदी साहित्यिक दृष्टि से चम्पू साहित्य को कमजोर करने का काल था, राजनीतिक दृष्टि से शौर्य, साहस और वीरोत्साह का काल था, और सामाजिक दृष्टि से नए

विचार और नए मूल्य की स्थापना से सामान्य लोगों को अपने में समेटकर सारी सामाजिक व्यवस्था को बदल डालने का काल था। ऐसी पृष्ठभूमि में शरणों के वचन साहित्य का उदय एक सहज घटना लगती है।

यदि चम्पू (एक छंद) साहित्य लोगों की सहानुभूति से वंचित था तो वचन साहित्य सामान्य लोगों पर या सामान्य लोगों के लिए निर्मित था।

वचन साहित्य के प्रारम्भ का स्पष्ट चित्र तो हमें नहीं मिलता। लेकिन पंडितों ने 'देवर दासिमय्या' को प्रथम वचन रचनाकार माना है। बसवेश्वर का एक वचन इसे स्पष्ट करता है कि बसवेश्वर और उनके समकालीन शरणों से पूर्वकाल में वचन साहित्य का निर्माण हो रहा था।

बसवेश्वर के पूर्व में वचन साहित्य का सृजन अत्यन्त मन्द गति से हो रहा था। आगे आनेवाले शरणों के युग में वचन काव्य-रचना एक आन्दोलन का रूप धारण कर चुका था।

जब इन शिवशरण और शरणियों ने कल्याण (आज का बसवकल्याण बीदर जिला) को अपना कार्य क्षेत्र बनाकर अनुभव मंटप की स्थापना की तो इन्होंने वचन साहित्य की रचना प्रचुर मात्रा में की। इसकी आलोचना-प्रत्यालोचना के फलस्वरूप उसमें वैचारिकता की गम्भीरता आई।

इन्होंने सामाजिक चेतना से प्रेरित होकर लोगों की अन्ध भक्ति और अज्ञान को दूर करने के लिए, सब प्रकार से समान स्वस्थ समाज की स्थापना के लिए काव्य की रचना की।

सुन री सजनी...

किसी समाज या देश की अर्धशक्ति स्त्री होती है। स्त्री धरती माता कही गई है। वह अपना सब कुछ समर्पण कर इस संसार का लालन-पालन करती है। पर अत्यन्त ही दुःख का विषय है कि वह सदैव ही उपेक्षित रही है। स्त्री इस विश्व की सर्वप्रथम दलित है। इस पुरुष प्रधान समाज में व्यक्तित्व विकास के सब प्रकार के अवकाशों से वह वंचित रही है। वह भोग की वस्तु मानी गई है। नारी बाल्यावस्था में पिता पर, यौवनावस्था में पति पर और वृद्धावस्था में बेटों पर निर्भर रहती है।

भारत में वैदिक चिन्तन ने तो स्त्री व्यक्तित्व की सर्वोपरि उपेक्षा की है। मुँह से तो यह भी कहा गया कि 'मातृ देवो भवः' जहाँ नारी की पूजा होती है वहाँ देवता लोग रमते हैं, वह आदिशक्ति परमेश्वरी के प्रतीक के रूप में है, आदि। पर वास्तव में वह नारकीय वेदनाओं में जीवनयापन करती रही है। इस देश के हर गाँव में देवी के मन्दिर मिलेंगे, त्रिमूर्तियों के दाँत खट्टे करनेवाले असुरों का संहार करनेवाली देवी तथा उसकी प्रभुता को स्वीकार करनेवाली पुराण कथाएँ उपलब्ध हैं। पर यथार्थ में उसे हर स्थान, हर मान और हर कार्य के लिए अयोग्य बतानेवाले प्रतिबन्ध भी पाए जाएँगे। स्त्री को झूठ का अवतार मानते हुए याज्ञवल्क्य और वशिष्ठ ने उसे साक्षी के लिए भी अयोग्य घोषित किया था। दयालु और करुणामयी धर्ममार्ग के गौतम बुद्ध ने भी कोई समानता का स्थान स्त्री को नहीं दिया था।

स्त्री ने पुरुष के जीवन में माँ, पत्नी, बहन, बेटी, बनकर उसके जीवन को आलोकित किया, मधुर बनाया, सार्थक किया और चेतना की शक्ति बनी रही। तुलसीदास जैसे महान संत कवि ने भी बिना संकोच के स्त्री के बारे में कहा कि 'ढोल, गँवार, शूद्र, पशु, नारी ये सब ताड़न के अधिकारी।' यह तो पुरुषवर्ग की मानसिक अस्वस्थता का स्पष्ट उदाहरण लगता है। स्त्री वेदना की सीमा का कहीं अन्त नहीं है। विवाह से पहले माता-पिता की सेवा में और विवाह के बाद पति की सेवा में जीवन व्यतीत होता है। पति यदि पहले मर जाता है तो

बेटों की मर्जी पर जीवन जीना होता है। उसका तो अपना एक घर होता ही नहीं है। मायका तो माँ-बाप और भाइयों का घर है, पति का घर तो पति का होता है उसका अपना नहीं है।

भारतीय वर्णव्यवस्था में ब्राह्मण के लिए वेदाध्ययन, क्षत्रिय के लिए युद्ध, वैश्य के लिए धनार्जन स्वधर्म है, पर शूद्र का धर्म इन सबकी सेवा करना है। स्त्री भी अपने तीनों रक्षकों—पिता, पति और पुत्र की सेवा का कर्तव्य निभाती है। स्त्री की गिनती भी शूद्रों में ही की गई है। जिस प्रकार शूद्र अपने व्यक्तित्व विकास की ही सुविधाओं से वंचित था उसी प्रकार स्त्री भी वंचित थी। शिक्षा प्राप्त करने की दृष्टि से एक राजा की पुत्री और एक दलित मजदूर की पुत्री की स्थिति एक जैसी थी क्योंकि पुरुष ने कभी नहीं चाहा कि स्त्री शिक्षित हो। मनु ने तो घोषणा की थी कि नारी स्वातंत्र्य के लिए योग्य नहीं है।

यह तो स्त्री व्यक्तित्व को शून्य करना हुआ। लगता है वैदिकों के साथ जैन भी स्त्री को मुक्ति प्राप्ति के योग्य नहीं मानते थे।

सती प्रथा हमारे देश में प्रचलित थी। अपमानजनक और उपेक्षित विधवा जीवन से सती होना ही श्रेष्ठ समझने का भ्रम था। क्षत्रियों में यह पद्धति अधिक थी। उसकी इच्छा-अनिच्छा की उपेक्षा कर पति के साथ वह जला दी जाती थी। इस प्रकार उस कालीन समाज में हजारों बन्धनों के बीच वह सजीव शव थी।

जिस पति के मरने के बाद स्त्री सती होती है उस पुरुष पति को पत्नी के प्रति प्रामाणिक होना अनिवार्य नहीं है। भारतीय विधवा स्त्री की वेदनाओं की कोई सीमा नहीं है। शृंगार करना, मुक्त होकर हँसना भी उसके लिए वर्जित माना जाता है। किसी वर्ग और जाति की विधवाओं की वेदनाओं में कोई अन्तर नहीं है। राम को पुरुषोत्तम माना जाता है पर उन्होंने भी अपनी पत्नी सीता की अग्नि परीक्षा के रूप में स्त्री अस्तित्व को नकारा था। मरे हुए पति को स्वर्ग से सावित्री लौटाकर ले आती है। पर वही पुरुष सैकड़ों जीवित स्त्रियों को अग्नि में झोंक देता है।

पुरुष वर्ग की सुख-सुविधा के लिए स्त्री सदैव अपने आपको पूर्ण रूप से समर्पित करती आई है।

नारी की निन्दाओं से, नारी के अनादर से, नारी को द्वितीय श्रेणी की नागरिक सिद्ध करने के उदाहरणों से हमारे शास्त्र-पुराण भरे पड़े हैं। पुरुष निर्मित साहित्य, दर्शन और इतिहासों में स्त्री सदैव हाशिए पर रही है।

लगता है, भारत ही नहीं बल्कि विश्व के हर देश में स्त्री अपने व्यक्तित्व विकास के अवकाशों से वंचित ही रही है। हर समाज ने स्त्री को उपेक्षा की दृष्टि से ही देखा है। कुछ उदाहरण देखा जा सकता है :

"स्त्री को कभी तत्त्वशास्त्र का अध्ययन नहीं करना चाहिए, वैवाहिक जीवन के नियमों का पालन करना ही स्त्री के लिए श्रेष्ठ तत्त्व है।"

—यूरोप का एक धर्मोपदेश

"ज्ञान, पुरुष का आदर बढ़ाता है तो अज्ञान स्त्री की सुन्दरता का कारण बनता है।"

—एक चीनी कहावत

"स्त्री, पुरुष का कोई मार्गदर्शन नहीं कर सकती। इस संसार में स्त्री की वजह से ही पाप है। इसलिए स्त्री भयंकर नरक में जाती है। उसकी मुक्ति का कोई मार्ग नहीं है।"

—सेंट पॉल

"न स्त्री स्वातंत्र्यम् अर्हति"

—मनु

हिन्दू धर्म में तो शूद्र अत्यन्त हीन जीव है और स्त्री तो नीच मानी ही गई है। इसलिए हिन्दू समाज में स्त्री की स्थिति शूद्रों से भी दयनीय है।

"स्त्री सब बुराइयों की जड़ है।"

—महाभारत

"स्त्री चंचला है, तलवार की तरह तेज है, तूफान की तरह अस्थिर है।"

—रामायण

"स्त्री एक वस्तु है, एक चीज है।"

—शाक्त

बेटी के विवाह में पिता अपनी बेटी का कन्यादान करता है। प्राय: भारतीय भाषा में ही 'कन्यादान' जैसा शब्द देखने को मिलता है जहाँ किसी वस्तु या प्राणी को दान के रूप में देने की प्रथा सुनने में आती है अर्थात् भारतीय सन्दर्भ में स्त्री का अस्तित्व किसी वस्तु या प्राणी के समान ही है।

दहेज के नाम पर स्त्री को जला देना अत्याचार है। स्त्री-भ्रूण-हत्या भारतीय समाज के लिए बहुत बड़ा कलंक है। आनेवाले दिनों में स्त्री की नारकीय स्थिति को लेकर यह एक चेतावनी है। आठवें दशक में तमिलनाडु के उसिलंब में वुल्लकर जाति में लगभग छह हजार नवजात शिशुओं की हत्या माँ-बाप ने मिलकर की थी। आज भी राजस्थान और हरियाणा में स्त्री-भ्रूण-हत्या आम बात लगती है।

मुम्बई के एक अस्पताल में ही 1984-85 में सोलह हजार स्त्री-भ्रूण-हत्या की बात बाहर आई थी। *(गार्डियन 4.11.86)*

1978-83 के बीच प्राप्त आँकड़ों के अनुसार भ्रूण-हत्या के उदाहरण मिलते हैं। एक समाचार-पत्र से पता चला है कि इन दिनों हरियाणा के एक निजी अस्पताल के पास एक कुएँ में सौ से अधिक स्त्री शिशु भ्रूण मिले हैं। ऐसा नहीं है कि अशिक्षित और निर्धन लोग ही यह काम करते हैं। पढ़े-लिखे और सम्पन्न परिवारों में भी यह हो रहा है। कहा जाता है कि एक स्वस्थ समाज में स्त्री-पुरुषों की संख्या 51:49 के अनुपात में होनी चाहिए। तात्पर्य है कि स्वस्थ समाज में स्त्री संख्या का पुरुष संख्या से अधिक होना सही माना गया है। पर स्त्री-भ्रूण-हत्या की वजह से प्रति एक हजार जनसंख्या में लगभग 70-75 की दर से संख्या कम होती जा रही है। हरियाणा और पंजाब में युवकों के विवाह में युवतियों के अभाव की समस्या गाँवों में देखी जा रही है। समाज के समाजशास्त्रियों का तो कहना है, आनेवाले दिनों में द्रौपदी की तरह पाँच पति होने का दृश्य देखने को तो नहीं मिलेगा? स्त्री-भ्रूण-हत्या को अपराध करार देने का कानून तो आया है पर मनुष्य के मन को मानवतावादी करने के लिए कोई कानून नहीं है।

इस प्रकार की राक्षसी प्रवृत्ति के दो कारण हैं—समाज में स्त्री के प्रति हीनभावना का होना और बेटी की शादी में माँ-बाप का आर्थिक नुकसान होना। भारतीय मानसिकता यह समझ बैठी है कि बेटे से ही परिवार का उद्धार होता है। सैकड़ों की संख्या में इधर एक जनजाति में माँ-बाप ने अपनी बेटियों को बेच दिया। कारण है गरीबी और बेटी की शादी रचने में उनकी आर्थिक अयोग्यता।

जमीन को निजी सम्पत्ति के रूप में देखने की परिकल्पना के साथ पितृप्रधान परिवार अस्तित्व में आया। स्त्री अपना आर्थिक अधिकार खो बैठी। सम्पत्ति के उत्पादन अधिकार से वह वंचित हो गई और द्वितीय श्रेणी की नागरिक बन गई। पुरुष जब हल चलाने लगा तो हल का मालिक भी बन बैठा और जमीन का भी। इसी उपक्रम में स्त्री का भी मालिक बन बैठा। स्त्री और विश्व की सब चीजों पर पुरुष का अधिकार हो गया। तभी से स्त्री की दुखभरी हीनावस्था शुरू हो गई।

मानव मात्र के इतिहास के साथ स्त्री मुक्ति का इतिहास भी जुड़ा हुआ है। लेकिन अत्यन्त ही अनसुनी आवाज में। लगभग सन् 1830 के आसपास अमेरिका की महिलाएँ गुलामी विरोधी कार्यक्रमों में स्वयं को शामिल करने लगीं। अमेरिका में 'गुलामी विरोधी समाज' का आरम्भ 1883 में हुआ था। यह समाज गुलामी विरोधी संघर्षों के लिए बनी संस्थाओं में से एक था। महिलाओं को इस समाज की समिति की सदस्यता देने के योग्य नहीं माना गया था। आश्चर्य होता कि

यूरोप के कई देशों से आकर अमेरिका का निर्माण करनेवाला यह श्वेत पुरुषवर्ग मानता था कि स्त्री को स्वतंत्रता नहीं देनी चाहिए; यह पुरुष प्रधान समाज का अहं था। वे यह मानते थे कि स्त्री को घर के काम-काज में ही लगना चाहिए। इसीलिए श्वेत महिलाएँ अपने अधिकार के लिए और श्याम वर्ण के गुलामों की मुक्ति के लिए दास्य विरोधी आन्दोलन श्वेत महिलाओं की अस्मिता और श्याम वर्ण की जन-जातियों की मुक्ति के लिए एक साथ काम कर रहा था। यहाँ अधिक बल शोषित, विशेषकर श्याम वर्ण की स्त्री मुक्ति पर दिया गया। गुलामी विरोधी आन्दोलन ने बड़ी सूक्ष्मता से स्त्री मुक्ति का भी काम ऊँची आवाज में किया है। कई अफ्रीकी महिलाएँ भी इस आन्दोलन में काम कर रही थीं, जो स्त्रियों में एक आत्मबल देने में सहायक सिद्ध हुआ। महिलाओं की ओर से एक उदाहरण दिया जा सकता है। सार्जनर टूथ नामक महिला का जन्म न्यूयॉर्क के हरले में हुआ था। इनका पुराना नाम था इबेज बौन फ्री। बूढ़े गुलाम से जबरदस्ती विवाह होने के बाद उन्होंने पाँच बच्चों को जन्म दिया। गुलामी के दिनों में उसके तीन बच्चे बेच दिए गए। सन् 1828 में इसेसाबेल गुलामी से भागकर आई और 1843 से सारी जिन्दगी गुलामी के विरोध में वह भाषण करती रही। सार्जनर अनपढ़ थी पर भाषण कला में चतुर थी। लगभग चालीस वर्षों तक वे स्त्री मुक्ति और गुलामी के विरोध में विचार-प्रसार करती रही। वह दासता विरोधी मात्र नहीं, बल्कि स्पष्ट स्त्रीवादी भी थी। ओहयों में चल रही स्त्री अधिकार आन्दोलन की सभा में दिया गया उनका वक्तव्य बहुत प्रसिद्ध है। वक्तव्य का प्रारम्भ उन्होंने इस प्रकार किया था—मैं एक औरत हूँ न! स्त्री में यह एहसास बहुत ही महत्त्वपूर्ण लगता है। गुलामों की मुक्ति के लिए किए गए आन्दोलनों में कई गुलाम महिलाओं का भाग लेना स्त्री मुक्ति के लिए प्रकाश किरण स्वरूप इतिहास में दर्ज हुआ।

बारहवीं सदी में कन्नड़ का वचन साहित्य स्त्री स्वातंत्र्य, सम संस्कृति की स्थापना, अभिव्यक्ति स्वातंत्र्य, चर्चा-परिचर्चाओं का प्रारम्भ या यों कहें सबको सब प्रकार की समानताओं के स्वस्थ समाज का निर्माण, अन्तरंग और बहिरंग व्यक्तित्व विकास की सुलभ सम्भावनाओं का अवकाश, मन्दिर की पत्थर संस्कृति से मनुष्य केन्द्रित संस्कृति की ओर चलने की प्रक्रिया का साहित्य है। इस साहित्य-सन्दर्भ ने लगभग भारतीय निम्न जाति और निम्न वर्ग को पहली बार बोलने, लिखने और सब प्रकार के व्यक्तित्व विकास का अवकाश दिया है। विशेषकर महिलाएँ अधिक संख्या में यहाँ पढ़ती-लिखती काव्य सृजन करती रही थीं, वे चर्चाओं में भाग लेतीं, और समकालीन मानव सम्पन्न मूल्यों की श्रीवृद्धि का कारण बनती हैं। आज लगभग नौ सौ वर्षों के बाद भी 35 से

अधिक महिलाओं का काव्य वचन साहित्य के रूप में मिलता है। सांस्कृतिक स्त्री शक्ति का चिन्तन-विवेचन यहाँ होता है। इसलिए विश्व स्तर पर स्त्री शोषण का अवलोकन और उसकी मुक्ति के लिए किए गए प्रयास इस साहित्य में देखे जा सकते हैं। वचन साहित्य के सन्दर्भ को और अधिक चैतन्यशील दृष्टि से देखा जा सके, इसलिए अमेरिका में गुलामों के संघर्ष का इतिहास और वहाँ की गुलाम महिलाओं के दर्द को आँखों के सम्मुख लाने के लिए कुछ और बातें यहाँ पाठकों के सामने रखने की इच्छा हो रही है।

सन् 1616 : आधुनिक अमेरिका के इतिहास में यह वर्ष महत्त्वपूर्ण है। गुलामों के व्यापार के लिए सुविधाजनक स्थान जेम्स टाउन में अफ्रीकी गुलामों का आगमन। एक डच व्यापारी ने यहाँ गुलामों को अनाज के बदले में खरीदकर गुलामी पद्धति की स्थापना की।

सन् 1638 : अफ्रीकी गुलाम पुरुषों की कीमत लगभग 27 डॉलर निश्चय की गई। यूरोपीय मजदूर का एक दिन का पारिश्रमिक 70 सेंट था।

सन् 1640 : रोमन पद्धति की तरह गुलामों पर मुहर लगाना, उन्हें चाबुक से मारना आदि शुरू किया गया।

सन् 1641 : गुलाम पद्धति को कानून के मुताबिक सही ठहराया गया।

सन् 1660 : गुलामी के सम्बन्ध में कई कानून लाए गए। कानून के अनुसार अफ्रीकी गुलाम, गुलाम औरत के बच्चों को सारी जिन्दगी गुलाम रहकर सेवा करनी होगी।

सन् 1662 : वर्जीनिया कानून के अनुसार सारे अफ्रीकी अश्वेतों को गुलामी करनी होगी। नीग्रो औरतों को श्वेत पुरुषों के सम्बन्ध से यदि बच्चे जन्म लेते हैं तो माँ की तरह बच्चे को भी गुलामी करनी होगी।

सन् 1664 : मेरीलैंड में गुलामी पद्धति का कानून लाया गया। श्वेत महिलाओं का अश्वेत पुरुषों के साथ विवाह करना कानून विरोधी माना गया। यह कानून अगले 300 वर्षों तक जारी रहा। (अर्थात् 1964 तक!)

सन् 1672 : ब्रिटेन ने रॉयल अफ्रीकन कम्पनी की स्थापना कर अफ्रीकी कानून के अनुसार गुलामों का व्यापार प्रारम्भ कर दिया।

सन् 1680 : गुलामी पद्धति के नीति-नियम बनाए गए। नियम के अनुसार गुलामों को निजी सम्पत्ति माना गया। मालिक गुलामों को खरीद सकता था, बेच सकता था, किराए पर दे सकता था और गुलामों

को बदल सकता था। गुलामों को शादी करने, मत देने, सम्पत्ति रखने और अदालत में खड़ा होकर साक्षी बनने का अधिकार नहीं था।

सन् 1698 : ब्रिटिश संसद ने ब्रिटिश व्यापारियों को गुलामों का व्यापार करने की अनुमति दी।

सन् 1717 : नीग्रो पुरुष श्वेत स्त्री से यदि विवाह करता है या श्वेत पुरुष नीग्रो स्त्री से विवाह करता, तो उनको सारा जीवन गुलाम बनकर रहना होगा। श्वेत स्त्री से जन्मे बच्चे का सात वर्षों तक सेवक बनकर रहने का कानून मेरीलैंड राज्य ने पारित किया।

सन् 1776 : ब्रिटेन से देश स्वतंत्र हुआ। फिर भी औरतों को कई तकलीफों का सामना करना पड़ा। एकाध धनवानों को छोड़कर अन्य स्त्रियों को प्राथमिक शिक्षा से बढ़कर शिक्षा की सुविधा नहीं थी।

सन् 1894 : मेरीलैंड की गुलाम स्त्री हॅरियेट् टब् मन् उत्तर दिशा की ओर भाग गई और अंडर ग्राउंड रेलमार्ग में कंडक्टर बन गई। टब् मन् 19 बार दक्षिण में आई और 300 गुलामों को मुक्त कराने में सहायता की।

तात्पर्य यह है कि बारहवीं सदी में कन्नड़ साहित्य में बहुत संख्या में महिलाएँ काव्य की रचना कर रही थीं और अमेरिका में सोलहवीं सदी के आसपास भी स्त्रियों में गुलामी प्रथा चल रही थी और वे मुक्ति के लिए संघर्ष अब शुरू कर रही थीं। 'मध्यकाल में चर्च ने अपने से रत्ती-भर भी असहमत होनेवाले हजारों स्त्री-पुरुषों को डायन और शैतान का पुजारी घोषित करके बहुत ही क्रूर और बीभत्स तरीकों से मौत के घाट उतार दिया था। जॉन ऑफ आर्क को भी जादू-टोने के आरोप में जिन्दा जलाया गया था।'[1]

स्त्री के आँसुओं की दर्द भरी कथा पुरुष प्रधान समाज के ऐतिहासिक पृष्ठों में हर कहीं सुनाई देती है। अपने आपको 'प्रगतिशील देश' घोषित करनेवाले कई देशों में चार-पाँच दशकों पूर्व तक स्त्रियों को वोट देने का अधिकार नहीं था। वैश्विक परिप्रेक्ष्य में आधुनिक काल में भी महिला को प्रोफेसर होने और नोबेल जैसे पुरस्कार प्राप्त करने से दूर रखा गया था।

आज जिस सन्दर्भ में हम जी रहे हैं, हर रोज समाचार-पत्रों में महिला को जला देने, सामूहिक अत्याचार, बेटियों के साथ माँ की आत्महत्या आम बात हो गई है। आजाद भारत के समकालीन युग में भी स्त्री-सती होने के उदाहरण हैं।

---

1. विद्रोही स्त्री—जर्मन ग्रीयर, 239

रूपकुँवर जैसी युवती सती होती है और देखा यह गया है कि उसके पति और ससुर सुशिक्षित थे। सती प्रथा का वैभवीकरण होता है और उस सती के मन्दिर निर्माण के भी प्रयास होते हैं। एक युवा नेता, जो किसी एक राजकीय पार्टी से जुड़ा हुआ होता है, अपनी प्रियतमा लगनेवाली युवती को दो-दो इंच टुकड़ों में काटकर किसी ढाबे के चूल्हे में डाल देता है। आज भी कई गाँवों की स्त्री-शिक्षा शून्य के बराबर है। इससे अन्दाजा लगाया जा सकता है कि स्त्री मुक्ति की लड़ाई अभी कितनी लम्बी है।

वचन साहित्य : स्त्री चिन्तन का उत्साह काल

किसी कवि ने लिखा है :

इतिहास लिखना
काव्य का काम नहीं है
काव्य से बढ़कर
सुन्दर इतिहास लिखनेवाला
कोई इतिहासकार नहीं है।

किसी काव्य, शास्त्र, पुराण आदि में निहित सत्य को सूक्ष्मता से देखने पर स्त्री की स्थिति का चित्रण हमारी आँखों के सामने स्पष्ट हो जाता है। स्त्री शोषण की ऐतिहासिक दृष्टि को सचेत रखकर ही स्त्री मुक्ति के प्रयास किए जा सकते हैं। कहा गया है कि जो इतिहास नहीं जानता वह इतिहास का निर्माण नहीं कर सकता है।

कन्नड़ साहित्य के इतिहास की परम्परा में बारहवीं सदी का वचन साहित्य युग सच्चे अर्थों में स्वर्ण युग कहा जा सकता है। इस काल के कन्नड़ कवि-कवयित्रियों ने, जो शिवशरण-शिवशरणियाँ कहलाते हैं, कविताओं की रचना सामाजिक, आर्थिक, सांस्कृतिक और धार्मिक आन्दोलन के लिए की है। काव्य धर्म इनके लिए साधन मात्र था, न कि साध्य।

'वचन' गद्य-पद्य का सम्मिश्रण सरस काव्य विधा मानी जा सकती है। इनके साहित्य को 'वचन साहित्य' के नाम से जाना जाता है।

एक समय में एक शेक्सपियर या वड्र्सवर्थ का होना, एक कालिदास या रवीन्द्रनाथ टैगोर का होना मेरे लिए या किसी भी स्वस्थ साहित्य प्रेमी के लिए आश्चर्य की बात नहीं लगनी चाहिए। यहाँ तो हर कोई महान कवि था, महाकवि था, महान कवयित्री थी।

अनुभव मंटप

सामूहिक चिन्तन से, प्रश्न करने की परम्परा से, चर्चा-परिचर्चाओं की संस्कृति से सज्जनों के सत्संग से, सबसे बढ़कर सामाजिक हित के सामूहिक उत्तरदायित्व

की चेतना से असम्भव सम्भव होता है। इसके लिए ही शिवशरणों ने 'अनुभव मंटप' की स्थापना की थी। सत्संग और सहचिन्तन इस अनुभव मंटप की विशेषता है।

एक अनुभव की बात है कि तुम्हारे मित्र मंडली के सदस्यों के स्वभाव से पता चलता है कि तुम क्या हो। तुम्हारे व्यक्तित्व का निर्माण उससे होता है जिन लोगों के साथ तुम हो। थोड़ा-सा खोकर और थोड़ा-सा प्राप्त कर तुम बुरे या अच्छे बनते हो। इसलिए विद्वान, चिन्तक, जनवादी, जीववादी के सत्संग में रहोगे तो उसी को प्राप्त करोगे। स्वस्थ समाज के निर्माण के लिए तुम्हारा व्यक्तित्व बहुउपयोगी बन पाएगा। यही सार्वकालिक सत्य है। हर एक पत्थर में एक मूर्ति होती है, पर अनामिकावस्था में। चिन्तन-मंथन से, कलात्मक, सूक्ष्म बारीकियों के काम से एक कलात्मक शिल्प कलाकृति का साक्षात्कार करना पड़ता है। यह सत्संग से ही सम्भव होता है। सत्संग से मनुष्य हीनभावना और अहंभावना इन दोनों से मुक्त होता है। इन दोनों से मुक्त समाज में व्यक्ति और समाज का हित सम्भव होता है। व्यष्टि एवं समष्टि का सुन्दर समन्वय सम्भव होता है।

ज्ञानी और अनुभवी-अनुभावियों के सत्संग से अपनी उपयोगिता और योग्यता का भी परिचय होता है। संवेदनशील और श्रेष्ठ लेखक, कलाकार, संगीतकार और सांस्कृतिक महत्त्व के व्यक्तियों का विकास ऐसे ही सत्संग से हुआ है। गलत रास्ते पर जा रहा व्यक्ति भी विद्वानों के मार्गदर्शन से सही रास्ते पर चलने लगता है। अनुभवी चेतनाओं के अनुभव मंटप सत्संग से बिगड़ी हुई बात बनती है। कबीरदास ने भी कहा है :

सत्संग लागी रहो रे भाई।
तेरी बिगरी बात बन जाई॥

ऐसा नहीं कि सत्संग का सत्फल इने-गिने लोगों को ही मिलता है। ब्राह्मण, क्षत्रिय, वैश्य, शूद्र, अन्त्यज सब को यह सत्फल सुनिश्चित है। पर देखना यह होता है कि क्या यह सज्जनों का सत्संग है या कोई भ्रम। शरण संत कबीरदास, बसवेश्वर आदि के सत्संग से कई उपेक्षित शरण संतों ने श्रेष्ठता को प्राप्त किया।

साहित्यिक और सामाजिक क्रान्ति की कल्पनाओं को यथार्थ में परिवर्तित करने के लिए शिवशरणों ने 'अनुभव मंटप' की स्थापना की थी। वर्ग-वर्ण-लिंग का भेदभाव न करते हुए सबको अनुभव मंटप में प्रवेश मिला। इसकी सदस्यता के लिए यह अनिवार्य माना गया था कि इसके सदस्य सभी को समानता की दृष्टि

से देखें। शुद्ध कायक (श्रम) करते हुए परिश्रमजीवी बनकर रहें और स्त्री-पुरुषों से भेदभाव न करें। सारे भारत के भिन्न-भिन्न प्रदेशों से इस अनुभव मंटप में भाग लेने के लिए; धार्मिक और सामाजिक परिवर्तन के आन्दोलन से अपने आपको जोड़ने के लिए यहाँ सभी जमा हो गए थे, जैसे कश्मीर से राजा महादेव और उनकी पत्नी, गुजरात से आदय्या, कलिंग देश से मरूळशंकरदेव, आन्ध्रा से मैदून रामय्या तथा कर्नाटक के कोने-कोने से शिवशरण और शरणियाँ। सभी श्रमवर्ग के लोगों ने इसमें भाग लिया था, जैसे—मोची, ढोर पालक, धोबी, केवट, हज्जाम, लकड़ी बेचनेवाले, रस्सी बनानेवाले, किसान, नट, संगीतज्ञ, चावल कूटनेवाले आदि। लगभग सब शरण अपनी धर्मपत्नी के साथ अनुभव मंटप की आध्यात्मिक और साहित्यिक परिचर्चाओं में भाग लेते थे। जीवन के भीतर-बाहर की चर्चा करते थे एवं अन्तरंग और बहिरंग शक्ति प्राप्त करते थे। उस युग में शरण-शरणियों के सत्संग के केन्द्रस्थान अनुभव मंटप द्वारा अनुपम सांस्कृतिक विकास सम्भव हुआ। आश्चर्यजनक रीति से उपेक्षित निम्न जाति एवं निम्न वर्ग के शरण-शरणियों ने अनुभव मंटप की चर्चाओं में सक्रिय भाग लिया, काव्य की रचना की, काव्य को लेकर आलोचना की एवं काव्य और जीवन का सुन्दर समन्वय किया। इस सत्संग में, जिसने कभी बात नहीं की थी, उसने ऊँची आवाज में सांस्कृतिक बातें कीं। स्त्रियों ने सबसे पहली बार व्यक्तित्व का सर्वोपरि विकास किया और इससे सामाजिक व्यक्तित्व का भी विकास हुआ।

शरणों के सत्सम्पर्क में आकर कई हीन जाति के लोगों ने व्यक्तित्व विकास किया। वे सोचने लगे कि जन्म से कोई छोटा या बड़ा नहीं होता। शरणी लिंगम्मा इस सत्संग से अपने को धन्य समझती हैं और कहती हैं :

निम्न जाति में जन्म लेकर
सत्संग में विकसित होकर,
सत्य शरणों के चरणों में रही।

इस वचन साहित्य आन्दोलन ने जाति पद्धति, अस्पृश्याचरण, एवं असमानता के विरुद्ध जो युद्ध छेड़ा था उससे उपेक्षित वर्ग ने स्वाभिमान और आत्मबल हासिल किया, जो मनुष्य की भूख मिटाने से भी महत्त्वपूर्ण माना जाता है। इस साहित्यान्दोलन ने स्त्री के व्यक्तित्व को निडरता और वैचारिकता की दीक्षा दी थी। वह अपने पति को वैचारिकता की दिशा में मार्गदर्शन करने का साहस कर सकती थी। शरण आय्दक्की मारय्या और उसकी पत्नी लक्कम्मा दोनों अपने सात्त्विक कायक के लिए शरण कुल में प्रसिद्ध थे। मारय्या बसवण्णा के महामने के आँगन में से चावल चुनकर लाते थे। इससे उनका पेट भरता था

और जंगमों की सेवा भी इसी से हो जाती थी। मारय्या का कायक यही था। एक दिन वहाँ चावल अधिक पड़ा मिला और मारय्या के उस दिन अधिक चावल घर लाने से पत्नी लक्कम्मा पति को सचेत करती है और कहती है कि दुराशा तो राजा में होती है हममें नहीं। आवश्यकता से अधिक चावल लौटाने को कहती है। यह है स्त्री के व्यक्तित्व का विकास। लक्कम्मा का यह वचन स्पष्ट कर देता है कि आवश्यकता से अधिक संग्रह करने की प्रवृत्ति समाज के लिए घातक है :

आशा तो राजा में चाहिए
शिवभक्तों में क्यों?
इतने चावल की आशा आपमें क्यों?
ईश्वर मानेंगे नहीं, मारय्यप्रिय, अमरेश्वर लिंग से
आप दूर हैं हे मारय्या।

शिवशरणी अक्कमहादेवी तो सत्संग की चैतन्यशक्ति अनुभव मंटप की महान देन है। वह तो भाषा की मंत्रशक्ति का साक्षात्कार करनेवाली है। शरणों के सत्संग और मार्गदर्शन से गुरु-लिंग-जंगम द्वारा 'शिवयोग' की चरम सिद्धि की वह साधिका है। राजसत्ता-पुरुषसत्ता और दैव सत्ता के प्रतिनिधि राजा कौशिक को त्यागकर जड़ परम्पराओं का विरोध करके स्त्री में विद्रोह की चिंगारी जागृत रखते हुए अक्कमहादेवी अपने एक वचन में यह स्पष्ट कर देती है कि किस प्रकार शरणों के सत्संग से उसके तन-मन और प्राण शुद्ध बन जाते हैं और वह अपने इष्टदेव चन्नमल्लिकार्जुन के लिए योग्य बनती है :

हे जी, आप अनुभावियों के सत्संग से
मेरा तन शुद्ध हुआ,
हे जी, आप अनुभावियों के सत्संग से
मेरा मन शुद्ध हुआ,
हे जी, आप अनुभावियों के सत्संग से
मेरा प्राण शुद्ध हुआ,
हे जी, आप अनुभावियों ने मुझे
परीक्षा कर योग्य बनाया इसलिए,
हे चन्नमल्लिकार्जुन, मैं
आपसे स्वीकृत हुई हूँ।

—अक्कमहादेवी

पहले ही कहा जा चुका है कि शरणपूर्व काल में स्त्री भोग की वस्तु मात्र मानी जाती थी। विशेष कर मठ-मन्दिर भोग के केन्द्र बन चुके थे जिसमें स्त्री पर अत्याचार प्रायः हुआ करता था। स्त्री गौरव से नहीं बल्कि कामुक भावना से देखी जाती थी। काळामुख आदि शैव व्यसनी बन गए थे। दैवी-आचरण के बहाने देवदासियाँ विवाह की सुविधा से वंचित होकर उच्च वर्ग और वर्ण के पुरुषों की कामवासना का शिकार बनती थीं। हर वर्ग-वर्ण की स्त्री शोषित थी और व्यक्तित्व विकास की सुविधाओं से वंचित थी। भारतीय नारी की दुर्गति अवर्णनीय कही जा सकती है।

नारी की इस दुर्गति और उपेक्षा की शिवशरणों ने कड़ी आलोचना की है और ऐसे समाज का इन्होंने विरोध किया है। वह तो पुरुष की सहधर्मिणी होती है। पुरुष के विकास में सहायक ही नहीं बल्कि प्रेरणा बन सकती है। अवकाश मिलने पर पुरुष के समान ही व्यक्तित्व के सर्वांगीण विकास की चरम सीमा पर पहुँच सकती है। बसवयुग की शिवशरणियाँ इस तथ्य का प्रमाण हैं। लगभग सभी शिवशरणियों ने अनुभव मंटप में भाग लेकर शरणों के साथ धार्मिक, सामाजिक और साहित्य का चिन्तन किया। अन्य शिवशरण कवि—बसव, अल्लम प्रभु, चन्न बसवण्णा और सिद्धराम के समान ही श्रेष्ठ वचनों की रचना की हैं। आत्मोन्नति के साथ-साथ समाजोन्नति के मार्ग में इनकी बड़ी देन रही है। पुरुषों के साथ साहित्य, समाज और धर्म में इन्होंने समानता से प्रभाग किया।

अल्लम प्रभु यह स्पष्ट करते हैं कि स्त्री साधना के मार्ग में माया नहीं है। मनुष्य का मानसिक विकार ही माया है।

कहते हैं :

कनक माया है, कनक माया नहीं,
नारी माया है, नारी माया नहीं,
मिट्टी माया है, मिट्टी माया नहीं,
मन की आशा ही माया है, हे गुहेश्वर!

सही मायने में पुरुष के कन्धे से कन्धा मिलाकर इस युग में स्त्री ने विकास किया है। अदूर दृष्टि से अन्धों की आग में जलती नारी ने पुकार-पुकार कर अपनी मुक्ति के लिए काव्य रचना की और इसमें अत्यन्त ही आत्मीयता से शरणों ने इनकी सहायता की। सामाजिक क्रान्ति का एक मार्ग इन शरणियों ने ढूँढ़ निकाला।

शरण और शरणियों ने पुरुष और स्त्रियों में योग्यता की दृष्टि से अन्तर को नकार दिया। शारीरिक रचना मात्र से वे दोनों भिन्न हैं न कि प्रतिभा और योग्यता

में। शरण जेडर दासिमय्या कहते हैं कि थन-चोटी से स्त्री, स्त्री कहलाती है और मूँछ से पुरुष, पुरुष कहलाता है। लेकिन इनमें स्थित आत्मा न पुरुष है न स्त्री :

थन चोटी से स्त्री कहलाएगी,
मूँछ-दाढ़ी से पुरुष कहलाएगा।
दोनों में स्थित आत्मा न स्त्री है न पुरुष है हे रामनाथ!

ज्ञान प्राप्ति के लिए भी स्त्री-पुरुष में कोई अन्तर नहीं किया जा सकता। ज्ञान न स्त्री का है न पुरुष का। इसलिए शरणी गोग्गव्वे पूछती हैं :

थन चोटी से स्त्री कहलाएगी,
मूँछ और काछा से पुरुष कहलाएगा,
इन दोनों में स्थित ज्ञान स्त्री है या पुरुष, हे नास्तिनाथ?

अक्कमहादेवी अपनी साधना के लिए घर-बार, गाँव की उपेक्षा कर सारे सामाजिक बन्धनों को तोड़कर कल्याण आई थीं। उन्हें कई बाधाओं का सामना करना पड़ा। अक्कमहादेवी बाधाओं को चुनौती देती हैं कि कल का आज, आज का अभी आने दो :

कल जो आएगा, आज ही आने दो,
आज जो आएगा, अभी आने दो,
अब-तब मत कहो, हे चन्नमल्लिकार्जुन!

स्त्री के प्रति शिवशरणों के मन में असीम गौरव की भावना थी। स्वस्थ समाज के लिए स्त्री के प्रति गौरव की भावना अत्यन्त आवश्यक है। शरण श्री सिद्धराम कहते हैं कि स्त्री, स्त्री मात्र नहीं बल्कि वह साक्षात् मेरा आराध्य कपिलसिद्ध मल्लिकार्जुन ही है :

स्त्री, स्त्री मात्र नहीं,
स्त्री, राक्षसी नहीं,
स्त्री साक्षात् कपिलसिद्ध मल्लिकार्जुन है।

बसवेश्वर कहते हैं कि यहाँ-वहाँ विचरते हुए कहीं पर भी स्त्री को नहीं देखूँगा। उसे मैं साक्षात् पार्वती समझूँगा जो जीवन का श्रेष्ठ मूल्य है :

शपथ! आपकी शपथ, आपके शिवचरणों की शपथ,
जहाँ कहीं भी मन विचरण करेगा,
पर स्त्री को महादेवी कहूँगा हे कूडलसंगमदेव।

परधन और परस्त्री को शरणों ने कभी स्वीकार नहीं किया। परस्त्री और परधन पर जो दृष्टि डालता है वह भगवान को भी सन्तुष्ट नहीं कर सकता। बसवण्णा का निम्न वचन देखिए :

नीयत होनी चाहिए शरण की, परधन न चाहने की,
नीयत होनी चाहिए शरण की, परसति न चाहने की,
नीयत न रहनेवालों को अपनाते नहीं कूडलसंगमदेव।

शिवशरणी सत्यक्का तो कहती हैं कि परधन, परस्त्री और परदेव त्यागने से बढ़कर कोई पूजा-पाठ, मंत्र-तंत्र, धूप-दीपारती नहीं है। समाज इनके लिए श्रेष्ठ है, व्यक्तिगत आध्यात्मिक साधना नहीं। सत्यक्का का यह वचन देखिए :

अर्चन और पूजा व्रत नहीं,
मंत्र और तंत्र व्रत नहीं,
धूप, दीप और आरती व्रत नहीं,
परधन, परस्त्री, परदैव को नहीं चाहना ही व्रत है,
शंबुजकेश्वर में इन्हें दर्शन कराना ही व्रत है।

शरण-शरणियों के काव्य से यह स्पष्ट हो जाता है कि इन्होंने नारी विमोचन, उसके सर्वांगीण विकास, और समाज में मुक्त वातावरण के निर्माण के लिए प्रयास किया। शायद भारत में बारहवीं शताब्दी में पहली बार नारी को अभिव्यक्ति स्वातंत्र्य मिला। इस अभिव्यक्ति स्वातंत्र्य ने स्त्री में सांस्कृतिक विवेक और प्रश्न करने की शक्ति दी, जो नारीवाद की सफलता की पृष्ठभूमि बनी। शिवशरणी गोग्गव्वे का एक वचन देखा जा सकता है :

पुरुष यदि स्त्री से प्रेम करके
उसे अपनाता है तो वह
पुरुष का आभूषण मानी जाती है,
स्त्री यदि पुरुष से प्रेम करके
उसे अपनाती है तो इसे क्या कहा जाता है?
इस द्वि-विधा के द्वन्द्व से मुक्त होकर
समभाव से रहना ही सुख है
हे नास्तिनाथ! यही परिपूर्णता है।

नारीवाद की दृष्टि से इस वचन का एक सुन्दर और अर्थपूर्ण स्त्री-विमर्श हो सकता है। पुरुषप्रधान समाज की पुरुषसत्ता से यहाँ स्त्री प्रश्न कर रही है और अपनी अस्मिता की स्थापना के लिए चुनौती दे रही है। कहती है, यदि कोई पुरुष

स्त्री से प्रेम करके विवाह करता है तो वह स्त्री पुरुष के लिए एक आभूषण मात्र बनकर रहती है। उसका अपना कोई स्वतंत्र व्यक्तित्व नहीं होता। वह हँसती, बोलती, उठती-बैठती भी है तो उस परदैव पति की आज्ञा और इच्छा के अनुसार ही। वह पति परमेश्वर के नाम के साथ मात्र पहचानी जाती है। स्त्री को लेकर यही इस समाज की स्वीकृत परम्परा है। पर शिवशरणी गोग्गव्वे का प्रश्न है कि यदि स्त्री पुरुष से प्रेम करती है और उस पुरुष से प्रेम-विवाह करती है तो उसे आप क्या कहेंगे? क्या वह पुरुष भी स्त्री के लिए एक आभूषण बनेगा?

यहाँ नारी की अस्मिता को सुरक्षित रखने के लिए शरणी गोग्गव्वे के विचार तीन-चार आयामों में काम कर रहे हैं :

(1) नारी को पुरुष के लिए आभूषण मात्र मानने की कैसी बात?
(2) स्त्री भी प्रेम कर सकती है।
(3) पति के चयन का उसे अधिकार है।
(4) पुरुष की श्रेष्ठता का विचार अर्थहीन है इसलिए स्त्री-पुरुषों के बीच भेद-भाव नहीं होना चाहिए।

इस जीवन में दोनों का अस्तित्व समान है। लिंग असमानता की भावना से मुक्त होकर समभाव से रहना ही सुख का समृद्ध मार्ग है एवं यही परिपूर्णता का मार्ग है।

आज स्त्रीवाद भी यही मानकर चल रहा है कि स्त्री-पुरुष भेद को दूर कर समभाव से रहना यही स्वस्थ समाज का द्योतक है। नारीमुक्ति के आन्दोलन में पुरुष का सहचिन्तन परमावश्यक है, स्त्री के साथ पुरुष की सह-यात्रा परमावश्यक है। इसलिए बारहवीं सदी का कन्नड़ वचन साहित्य स्त्री मुक्ति के लिए उत्साह का काल था।

स्त्रीवाद नारीमुक्ति का ही भाव नहीं बल्कि शोषित पुरुषवर्ग की मुक्ति भी चाहता है। शोषित समाज का उसकी ही भावना से मुक्ति चाहता है। स्त्री-पुरुष दोनों में स्वाभिमान और स्वावलम्बन की मानसिकता स्त्रीवाद प्रस्तुत करता है। एक-दूसरे के प्रति आदर का भाव भी स्त्रीवाद की बहुत बड़ी देन है। स्त्री तो पुरुष के प्रति आदर भाव रखती ही थी। पर शरण साहित्य के सन्दर्भ में शिवशरणों ने सदैव स्त्री व्यक्तित्व का आदर किया है। सिद्धराम शरण ने कहा है कि :

स्त्री, स्त्री मात्र नहीं है, वह राक्षसी नहीं है,
स्त्री साक्षात् कपिलसिद्ध मल्लिनाथ है।

बसवेश्वर अल्लम प्रभु, सिद्धरामेश्वर जैसे सभी शरणों ने स्त्री की महानता का इस प्रकार आदर करते हुए सामाजिक, सांस्कृतिक और धार्मिक आयामों में स्त्री व्यक्तित्व की जबरदस्त स्थापना की है।

स्त्री चिन्तन सम्बन्धी लेखन कार्य में महिलाएँ कई आयामों से लिख रही हैं। कन्नड़ साहित्य सन्दर्भ में आज लेखिकाएँ तीन क्षेत्रों में लिख रही हैं :

(1) परम्परावादी सामाजिक, धार्मिक और सांस्कृतिक व्यवस्था को स्वीकार करते हुए यजमान-संस्कृति का गुणगान, धर्म-कर्म और अन्धविश्वास की प्रशंसा करते हुए वास्तविकता-वैचारिकता और कलात्मकता की उपेक्षा करते हुए भ्रमात्मक लोक का निर्माण करनेवाली लेखिकाएँ।

(2) हर स्त्री समस्या के लिए पुरुष वर्ग को दोष देते हुए, समाज की मूल समस्याएँ जैसे गरीबी, बेरोजगारी, जातिव्यवस्था और असमानताओं की ओर ध्यान नहीं देते हुए स्वच्छंद लेखन।

(3) इन दो मार्गों से हटकर ऐतिहासिकता की पृष्ठभूमि में साहित्य-संस्कृति एवं जीवन का विवेचन करते हुए, स्त्री शोषण के इतिहास पर प्रश्न करते हुए, सम-संस्कृति की स्थापना के लिए जागरूक लेखनीवाली लेखिकाएँ।

आज कन्नड़ में अन्तिम प्रकार की लेखिकाओं की पीढ़ी समृद्ध है। आश्चर्य यह होता है कि आज तक लगभग आठ सौ वर्ष पूर्व वचन साहित्य के युग की स्त्रियों ने भी इसी आयाम के काव्य की रचना की है। स्त्री-पुरुष असमानताओं की जड़ परम्परा पर उन्होंने प्रश्न किए हैं :

मिलन के सन्दर्भ में पति-पत्नी,
का अस्तित्व भिन्न हो सकता है,
ज्ञान के सन्दर्भ में भिन्नता कैसी?

—आय्दक्की लक्कम्मा

स्त्री को त्यागकर लिंगाराधना
की बात की जाती है
स्त्री और इष्टलिंग में क्या विरोध है?

—गजेश मसणय्या की पुण्य स्त्री

वास्तविकता और वैचारिकता के स्तर पर स्त्री-पुरुषों की मानव शक्ति की समानता की बात इन कवियों ने की है :

थन चोटी से स्त्री कहलाएगी,
मूँछ और काछ से पुरुष कहलाएगा,
दोनों में स्थित ज्ञान न स्त्री है न पुरुष,
हे नास्तिनाथ!

—गोग्गव्वे

इस साहित्यिक आन्दोलन ने स्त्री में स्वाभिमान, स्वावलम्बन और निडरता का स्वभाव भर दिया था, जो स्त्रीवाद का मूल मंत्र है। अक्कमहादेवी लोकनिन्दा और संघर्षों से नहीं डरती थीं। उसमें स्त्री चिन्तन ने यहाँ तक साहस भर दिया था कि वह कहती हैं :

कल जो आनेवाला होगा, आज आने दो,
आज जो आनेवाला होगा, अब आने दो,
अब-तब न कहो हे चन्नमल्लिकार्जुन!

वे अध्यात्म के चिन्तन में भी बड़ी गहराई से डूब जाती हैं। शिवशरणों के साथ समान रूप से 'शिवयोग चिन्तन' में भाग लेती और लिखती हैं।

आज स्त्रीवाद की स्वस्थ अभिलाषा भी यही है कि स्त्री को इस समाज में व्यक्तित्व विकास के समान अवसर मिलें। उसमें स्वाभिमान एवं स्वावलम्बन हो एवं देश के सामाजिक, सांस्कृतिक, राजकीय-वित्तीय विकास में उसकी सक्रिय भागीदारी हो। इस लक्ष्य को हासिल करने के लिए चिन्तनशील और संघर्षशील स्त्रीवर्ग को विचारवान पुरुषवर्ग के सहयोग से जंग जारी रखना आवश्यक है। जग को अर्थपूर्ण और सक्रिय करने हेतु जहाँ कहीं भी प्रेरणा के प्रकाश-कण हों उसे सहज ही स्वीकार करना सही निर्णय है। विशेषत: जब भारतीय साहित्य-सांस्कृतिक इतिहास में ऐसे सन्दर्भ हैं तो उसे प्रेरणा के रूप में स्वीकार कर लेना चिन्तन के लिए प्रेरणा की असीम धाराएँ हैं।

जब सारा यूरोप सोया हुआ था, अमेरिका में सोलहवीं सदी में अभी गुलामी पद्धति जारी थी, हिन्दी साहित्य के भक्तिकाल में कबीर आदि संत जातिव्यवस्था और अस्पृश्यता का विरोध कर रहे थे, पर उन्होंने भी स्त्री को साधना के मार्ग में बाधक समझा था, वह भी चौदहवीं सदी में। तो वहीं बारहवीं सदी में कन्नड़ में महिलाएँ, विशेषत: श्रमिकवर्ग की महिलाएँ अधिक संख्या में काव्य लिख रही थीं। काव्य का उद्‌देश्य था सामाजिक हित और स्वस्थ समाज की स्थापना की परिकल्पना। शिवशरणियों के काव्य का आदर्श समाज था, सब प्रकार की समानताओं का समाज, शोषण रहित समाज, स्त्री वर्ग के स्वाभिमान का समाज। वेश्या वर्ग की स्त्री यहाँ काव्य की रचना करती थी, पुरुषवर्ग से प्रश्न करती, साथ-साथ चिन्तनशील पुरुष वर्ग का आदर भी करती थी।

अब मेरे सामने प्रमाण हैं कि हिन्दी में लिखा साहित्य ही भारतीय साहित्य नहीं है। हर भारतीय भाषाओं में लिखा साहित्य भारतीय साहित्य है। हाँ, हिन्दी में आज वह उपलब्ध है तो अधिक पाठकों तक, विशेषत: सभी भारतीय भाषाओं के सन्दर्भ में पढ़ रहे पाठकों तक भी पहुँच पाता है वहाँ के गिने-चुने हिन्दी पाठकों द्वारा।

इसलिए वचन साहित्य की शिवशरणियों की रचना हिन्दी द्वारा भारतीय स्त्री चिन्तन साहित्य का मुख्य पाठ्य हो। जनभाषा कन्नड़ में वचन साहित्य रचा गया। एक भाषा के विकास की चरम सीमा जिसे हम कह सकते हैं, वह यहाँ सम्भव हुआ था। एक वचनकार लिखते हैं, 'करोड़ों वचन लिखकर थक गया जी!' भले ही करोड़ों की संख्या में नहीं पर लाखों की संख्या में वचनों की रचना यहाँ हुई थी। अध्यात्म की सूक्ष्मातिसूक्ष्म और समाजमुखी सहज-सरल विचारों की अभिव्यक्ति की शक्ति इस भाषा को प्राप्त हुई थी। विशेषता यह है कि स्त्रीवर्ग भी समान रूप से इसके लिए कारण था।

जीवन परिचय : सिद्धरामेश्वर

वाचन से जो अनुभवी नहीं होता
वह प्रेत है,
वाचन से जो अनुभवी होता है
वह पंडित है।
विद्या तो परिश्रमी के वश में है
विद्या-अविद्या की पहचान से
जग के लिए वेदज्ञ हो सका तो
वही महापंडित है।
हे कपिलसिद्ध मल्लिकार्जुन!

भक्त का मन कामिनी में अनुरक्त होता है
तो विवाह कर संग करना चाहिए
भक्त का मन भूमि पर अनुरक्त होता है
तो प्राप्त कर घर बनाना चाहिए
भक्त का मन कनक में अनुरक्त होता है
तो सप्रयास प्राप्त करना चाहिए
हे कपिलसिद्ध मल्लिकार्जुन!

बारहवीं सदी के वचन साहित्य आन्दोलन के प्रमुख शिवशरणों में सिद्धराम का नाम शीर्षस्थ स्थान पर गिना जाता है। वचन साहित्य की सृजनशील साधना ने इस सन्दर्भ में एक से एक श्रेष्ठ वचनकारों को जन्म दिया है। अध्यात्म और समाजमुखी चिन्तन—दोनों दृष्टियों से यह साहित्य श्रेष्ठ रहा है और बहुमुखी रहा है। सिद्धराम के व्यक्तित्व को छूने के लिए प्रवेशिका के रूप में उपरोक्त दो वचन देखे जो सकते हैं। एक वचन में अध्ययनशीलता से मनुष्य अनुभवी और ज्ञानी होने की बात कही गई है। कहते हैं कि साहित्य के वाचन से या सत्संग से मनुष्य अनुभव का धनी होता ही है। यदि ऐसा एक व्यक्ति में परिवर्तन नहीं होगा तो उसे प्रेत समझना चाहिए।

इस वचन का प्रमुख और विशेष चिन्तन है कि विद्या तो परिश्रमी व्यक्ति की अनुपम निधि है। परिश्रम के बिना कोई फल मिलेगा नहीं। विद्या और अविद्या के इत्यात्मक एवं नित्यात्मक फलों के अन्तर को जो समझेगा वही सच्चा पंडित है। साधना और सिद्धि के मार्ग में अचूक परिश्रम के महत्त्व को यह वचन दर्शाता है। कन्नड़ के सन्दर्भ में तो 'विद्या तो परिश्रमी के वश में है' जैसा विचार अत्यन्त ही प्रसिद्ध है।

उपरोक्त दूसरे वचन में मनुष्य और समाज सम्बन्धी सार्वकालिक और वैश्विक सत्य कहा गया है। मनुष्य स्वभाव की चंचलता और उसके द्वन्द्व की ओर इशारा करते हुए सिद्धराम कह रहे हैं कि मनुष्य मन यदि कामिनी की ओर आकर्षित होता है तो विवाह कर संग सुख भोगना चाहिए, धन-दौलत की ओर मनुष्य मन दौड़ता है तो सत्य मार्ग से परिश्रम कर फल प्राप्त करना चाहिए और धन-दौलत की सुविधा भोगना चाहिए। इस वचन में बड़ी सूक्ष्मता से कहा जा रहा है कि दूसरों के परिश्रम पर हमारा अधिकार नहीं है और मेहनत करके जीवन का सुख भोगना मनुष्य का अधिकार होता है। इसमें समाज और व्यक्ति का मनोवैज्ञानिक अध्ययन है और संतृप्त समाज की सुन्दर परिकल्पना है।

ऐसे व्यक्तित्व की सिद्धि साधना के शिवयोगी सिद्धराम की जीवनी की ओर दृष्टि डालेंगे।

जीवनी

सिद्धराम का जन्म महाराष्ट्र राज्य में स्थित आज के सोलापुर में हुआ था। यह शहर सोन्नलिगे नाम से भी प्रसिद्ध था। इनके पिताजी का नाम मोरडिमुद्दुगौड़ा था और माताजी का नाम सुग्गव्वे था।

इनके पिताजी के बारे में राघवांक कवि ने अपने 'सिद्धराम चरित' काव्य में लिखा है कि वे किसानों के मुकुटमणि थे। परिश्रम प्रेमी और सत्यवादी व्यक्ति थे। जब सिद्धराम का जन्म हुआ तो माता-पिता ने इनका नाम धूळिमाकाळ रखा था। रेत, मिट्टी और कंकड़ों से युक्त जमीन का सिद्धराम ने खेती द्वारा इस धरती को हरा-भरा बनाया था। शुद्ध परिश्रम जिसे वचन साहित्य परम्परा में 'कायक' कहते हैं, और भक्तियुक्त ज्ञान का समन्वय सिद्धराम के व्यक्तित्व की विशेषता थी।

इनके जन्म को लेकर किंवदंती की तरह कहानी है कि सुग्गव्वे सिद्धराम शिशु को जन्म देने के लिए तब गर्भवती होती है जब उसकी फलवत्ता की उम्र बीत चुकी थी। महात्मा सिद्धयोगी रेवणसिद्धेश्वर को अन्तर्ज्ञान से यह पता चला था कि सुग्गव्वे के गर्भ से एक महान व्यक्तित्व का जन्म होनेवाला है। रेवणसिद्धेश्वर उस युग के सिद्धि पुरुष थे।

रेवणसिद्धेश्वर सिद्धराम की जन्म सूचना देने के लिए और माता सुग्गव्वे के दर्शन के लिए सोन्नलिगे आते हैं। तब सोन्नलिगे एक छोटा गाँव था। रेवणसिद्धेश्वर अपने बड़े शिष्य वर्ग के साथ आते हैं। जब सोन्नलिगे ग्राम परिसर में पालकी आती है तो रेवणसिद्धेश्वर पालकी से उतरकर सोन्नलिगे परिसर धरती को झुककर नमस्कार करते हैं। नंगे पाँव चलते हुए सुग्गव्वे के घर पहुँचकर माता के गर्भ को सगौरव प्रणाम करते हैं और माँ सुग्गव्वे को सूचना देते हैं कि आपके गर्भ से एक महापुरुष का जन्म होगा। सबके सामने घोषणा करते हैं कि सिद्धराम के जन्म से यह धरती पुण्यशाली कहलाएगी और यह प्रदेश हरा-भरा होगा और सिद्धराम से लोकोद्धार होगा।

सिद्धराम का जन्म हुआ। पर यह शिशु कुछ भिन्न लक्षणों को दर्शाता है। न हँसता है, न बोलता है, न शरारत करता है। प्राय: एक विशेष व्यक्तित्व लक्षण शिशु काल में दिख रहा है। 'सिद्धराम चरित' में माँ सुग्गव्वे एक सुन्दर सपना देखती है कि बिना किसी दर्द-संकष्टों के पुत्र का जन्म होता है। प्राय: राघवांक कवि की परिकल्पना को सिद्धराम का यह वचन प्रेरणा दे रहा होगा—

जन्म देनेवाली माता तुम हो
मेरे पास आनेवाली माता तुम हो
लिंग शक्तिरूप माता तुम हो
अपने कपिलसिद्ध मल्लिकार्जुन की
रानी माता तुम हो।

(सिद्धराम)

लोग बड़ी उत्सुकता से मौन बालक सिद्धराम को देखते थे। आनेवाले दिनों में भी सिद्धराम का स्वभाव मौनप्रेमी ही था। सिद्धराम के इस स्वभाव की प्रशंसा में अल्लम प्रभु ने एक वचन में लिखा था—

शरीर में अंगचेष्टा नहीं
प्राण में भाव नहीं
भाव में भ्रम नहीं
नवद्वार में चेतना नहीं,
ब्रह्मरंद्र में ज्ञानरत शिवयोगी,
गुहेश्वर का शरण सिद्धरामय्या
तुम्हें देखकर मैं भवमुक्त हुआ देखो।

(अल्लम प्रभु)

कहा जाता था कि सिद्धराम के माथे पर तीसरी आँख थी। सिद्धराम के वचनों में ही इसकी सूचना मिलती है—

दुनिया जानती है कि
सब को दो आँखें होती हैं,
पर मुझे तीन आँखें हैं यह
सब दुनिया जानती है।

(सिद्धराम)

बसवण्णा को दूसरा शम्भु कहते हैं
तो क्या हम तीसरे शम्भु हैं जी?

(सिद्धराम)

'तीसरी आँख' का तात्पर्य अन्तर्ज्ञान का भी अर्थ किया जा सकता है, जो विश्व के चिन्तक वर्ग में दूरदृष्टि होने की बात इसे अधिक स्पष्ट करती है।

कुछ भी हो बालक को देखकर माता-पिता बहुत खुश थे। बहुत दिनों के बाद पुत्र का जन्म हुआ है। इनकी पाँच सन्तान हुई थी पर एक भी बची नहीं थी। इसलिए माता-पिता के आनन्द की कोई सीमा नहीं थी। नाम तो 'धूळिमाकाळ' माता-पिता ने रखा था, पर इस नाम से पुकारने पर बालक मुड़कर भी नहीं देखता था। 'सिद्धराम' के नाम से पुकारने पर मुड़कर देखते और मुस्कुराते थे। सुग्गव्वे ने सपने में देखा था कि स्वयं पार्वती देवी ने पुत्र-प्रसव कराया था और 'सिद्धराम' नामक रखने को कहा था। माँ को लगा कि दैवी प्रेरणा की उपेक्षा करने की वजह से पुत्र चैतन्यशील नहीं है। पर अब 'सिद्धराम' नाम से बालक खुश है। सिद्धराम के माता-पिता को लगा यदि बालक अन्य बालकों के साथ जानवर चराने के लिए जाएगा तो सब गोपालों के साथ हँस-खेल सकेगा। इसलिए अब सिद्धराम जानवर लेकर सब बच्चों के साथ खेत की ओर जाने लगा। पर वहाँ मौन रहता था, अपना भोजन सबमें बाँटता था। वहाँ सिद्धराम एक शिवलिंग देखता है और उसी की आराधना में लग जाता है, शिवलिंग से बात करता है। प्राय: प्रकृति के साथ एक होकर सहज प्रकृति की स्वच्छता, मुग्धता और असीमतता सिद्धराम के व्यक्तित्व के अंग बन गए थे।

एक दिन हुआ यह कि बालक सिद्धराम के पास एक सिद्ध योगी आया, मुस्कुराते हुए बालक के सिर पर हाथों से सहलाते रहे और खाने के लिए घर से कुछ लाने को कहा। बालक दौड़ते हुए घर गया और खिचड़ी लेकर आया, तो वहाँ कोई नहीं। 'मल्लय्या' 'मल्लय्या' कहते-पुकारते जंगल में चले गए। श्रीशैल

मल्लिकार्जुन की यात्रा पर निकले यात्रियों के साथ एक हो गए। वहाँ श्रीशैल शिवमन्दिर में मल्लिकार्जुन के नाम पर एक पत्थर का शिवलिंग देखकर निराश हुए। सिद्धराम उस 'मल्लय्या' के दर्शन के लिए भूखे थे जिसने मुस्कुराते हुए सिर पर हाथ रखा था। उस मल्लय्या के लिए बालक सिद्धराम पागल-सा हो जाता है, जंगल में भटकता है, किसी को अपनी माँ समझकर लिपटता है और पता चलने पर कि वह उसकी माँ नहीं है, निराश होता है। 'मल्लय्या' 'मल्लय्या' कहते हुए रोता है। यात्रार्थी बालक से पूछते हैं कि तुम्हारे मल्लिनाथ के क्या लक्षण हैं? क्योंकि सारे भक्त तो मन्दिर में स्थित लिंग को ही मल्लिनाथ समझते हैं। सिद्धराम कहता है—'मेरे मल्लिकार्जुन के सिर पर चन्द्रमा है और गंगा है, कुछ जटाधारी गले में रुद्राक्षमाला है, पंचमुख और दशभुजाधारी है, ललाट पर आँख है। ऐसे मेरे 'मल्लय्या' को ढूँढ़ रहा हूँ।

बालक सिद्धराम को वहीं छोड़ यात्रीगण आगे निकल गए। सिद्धराम रोते-रोते जंगल में लाख ढूँढ़ने पर मल्लय्या के नहीं मिलने पर एक डरावनी खाई के पास आए और कहने लगे, ''तुम श्रीशैल में हो यह सोचकर मैं आया और बिना किसी कारण से तुम मुझसे रूठे हो और यहाँ छिपे बैठे हो। जिस प्रकार हमारे खेत में तुमने दर्शन दिया था, उसी प्रकार यदि तुम दर्शन नहीं दोगे तो मैं इस खाई में कूदकर अपने प्राण दूँगा।'' यों कहकर 'मल्लय्या-मल्लय्या' पुकारते हुए खाई में कूद पड़े। तब मल्लिकार्जुन प्रत्यक्ष प्रकट हुए और सिद्धराम की रक्षा की।

श्रीशैल में दर्शन देनेवाले मल्लिकार्जुन को छोड़कर गाँव लौट जाने के लिए सिद्धराम तैयार नहीं था। पर माता-पिता के पास लौट जाने के लिए मल्लय्या कहने लगे। मल्लय्या ने कहा कि तुम्हारे लिए तुम्हारे माता-पिता चिन्तित हैं। लौटकर सोन्नलिगे जाओ और लोक कल्याण कार्यों में लगे रहो। लोक कल्याण और उसकी रक्षा करने का कार्य तुम्हारा कर्तव्य है। मैं तुम्हारे साथ काम में सहयोग देता रहूँगा। मल्लय्या ने अपने भक्त सिद्धराम को वचन दिया कि वह सोन्नलिगे को श्रीशैल गिरि की तरह चैतन्यशील और शक्तिशाली करने के लिए वहाँ आकर वास करेगा।

सोन्नलिगे में

मल्लय्या की आज्ञा के अनुसार वह सोन्नलिगे को लौट आया और उसके नवनिर्माण में जुट गए। उसके सब सोन्नलिगे निर्माण कार्यों में रानी चामलादेवी की सहायता मिलने लगी, और मन्दिर बनवाने के लिए रानी ने भूदान दिया। शिल्पियों की सहायता से अपने निर्देशन में शिवमन्दिरों का निर्माण करवाया।

एक साथ सत्रह शिवलिंग शिवमन्दिरों का निर्माण हुआ। लिंग प्रतिष्ठापन कार्य भी बड़े ही उत्साह से सम्पन्न हुआ। कुछ दिनों के बाद सोन्नलिगे शहर की आठों दिशाओं में पशु, पक्षी, हाथी और सब जानवरों के लिए आश्रय स्थानों का निर्माण करवाया। सिद्धराम के व्यक्तित्व में सब प्राणी पक्षियों के प्रति दयाभाव का एक जागृत उदाहरण है यह।

अब तक हमने सिद्धराम के बाल्यकाल के बारे में जो पढ़ा था और अब लोकनिर्माण कार्य में जैसे व्यक्तित्व को हम सिद्धराम में देख रहे हैं, बड़ा आश्चर्य भी होता है। यह सहज भी है। महापुरुषों में बाल्यकाल की भावुकता, दैव प्रेम, एक सहज मुग्धता और प्रकृति में एकाकार होने का भाव दिखाई पड़ता है। मल्लय्या का दर्शन, देवभक्ति आदि मुझे लगता है एक व्यक्तित्व का अपने 'अन्दर' के साथ या 'स्व' के साथ तीव्र संवाद का प्रतीक है।

यों लोककल्याण का कार्य-कारवा जारी ही था। अनाथ और गरीबों की तकलीफों को दूर करने के लिए भूदान, अन्नदान, गोदान जैसे महादान निरन्तर करने लगे। इस संसार में लोगों के कष्ट दूर करने के लिए, लोगों की मंगल कामना के लिए जनता की आराधना को मल्लिनाथ की आराधना समझकर भक्तिभाव से लोकसेवा में व्यस्त थे। सिद्धराम की कीर्ति चारों ओर फैल गई। राजा-महाराजा वर्ग उनको वह सब देने लगे जो लोकहित कार्य के लिए सिद्धराम को आवश्यकता थी। इस दुनिया के सभी जीवों की आवश्य आवश्यकता है पानी। पानी है तो प्रकृति हरी-भरी है, मनुष्य हरा-भरा है। लोगों की इस आवश्यकता की आपूर्ति के लिए सिद्धराम एक बहुत बड़े तालाब के निर्माण में लग जाते हैं। इस कार्य में स्वयं सिद्धराम अपने चार हजार शिष्यों के साथ लग जाते हैं। उनके जीवन का यह उद्‌देश्य भी था कि शिवयोगी होने के साथ-साथ अपने शरीर का परिश्रम सामाजिक हित के निर्माण में भी उपयोगी होना चाहिए। अपने शिष्यों के साथ कायक परिश्रम की वजह से सोन्नलिगे में बहुत बड़े तालाब का निर्माण हुआ। आज नौ सौ वर्षों के बाद भी सोलापुर (सोन्नलिगे) जैसे बड़े शहर में बारह महीने दिन-रात जल से लबालब भरा रहता है, यात्रियों को एवं शहरवासियों को सदैव जल शीतलता प्रदान करता है। इसके लिए खेत में परिश्रम करते किसान की तरह स्वयं मिट्टी-पत्थर उठाया था सिद्धराम ने। संसार की सब तीर्थधारा एक स्थान में एकत्रित होने की तरह तालाब जल समृद्ध हुआ था। तालाब निर्माण के बाद एकाध लीलाएँ सिद्धराम ने की जिससे उनकी सिद्धिसाधना की असीमतता को दर्शाने का उद्‌देश्य स्पष्ट होता है।

सिद्धराम की जनप्रियता से कुछ लोग जलने लगे। सोन्नलिगे और पड़ोसी गाँव के व्याधों ने रुद्राभिषेक के लिए हलाहल विष लाकर दिया। पूजा-पाठ के बाद

लिंग को प्रसाद (नैवेद्य) समर्पण कर सिद्धराम सब में बाँटने लगे। व्याध डर गए कि लोग मर जाएँगे, इसलिए प्रसाद न बाँटने के लिए कहा। पर सिद्धराम ने अपने शिष्य वर्ग में कटोरा भर-भरकर बाँट दिया। वास्तव में सिद्धराम की महिमा से विष अमृत बन गया था। इससे फिर सिद्धराम की लोकप्रियता लोकानुग्रह में बढ़ गई।

सिद्धराम की महिमा को सहन न करनेवाला एक 'कुटिल विद्यासमुद्र' उपाधिवाले खर्पर नामक जोगी ने सोन्नलिगे जाकर सिद्धराम की साधना क्रिया को बिगाड़ने का निर्णय लिया। क्रोध से खर्पर ने मंत्रयुक्त जल सिद्धराम पर छिड़का। क्रोध से सिद्धराम की तीसरी आँख से निकली ज्वाला ने खर्पर के मुख को काला कर दिया। इतना ही नहीं, बल्कि आग ने कुटिल जोगी और उनके परिजनों को भी जला दिया। सिद्धराम की करुणा जागृत हुई और उन्होंने अग्नि को वापस ले लिया।

इस प्रकार कई अलौकिक लीला ने सिद्धराम की असीम सिद्धि साधना का परिचय दिया।

अल्लम प्रभु का आगमन

सिद्धराम के घन व्यक्तित्व का प्रचार चारों ओर फैल गया। हर कहीं इनकी प्रशंसा सुनाई पड़ती थी। उनसे मिलने के लिए भक्तगण सदैव बड़े उत्सुक रहा करते थे। सिद्धराम की शिवयोग साधना के बारे में दार्शनिक वर्ग अत्यन्त सन्तुष्ट थे। बाचरस ने तो सिद्धराम को 'योगियों का योगी, शिवयोगी' कहा है। अल्लम प्रभु भी बहुत बड़े साधक थे। सारे भारत की यात्रा कर कई सिद्ध, साधु-संतों का दर्शन और उनके साथ चर्चा-परिचर्चाओं का अनुभव था अल्लम प्रभु को। सिद्धराम के बारे में भी अल्लम प्रभु बहुत कुछ जानते थे और इसीलिए बड़ी उत्सुकता से सिद्धराम से मिलने चले आए। गाँव में प्रवेश करते ही लोग सिद्धराम की प्रशंसा की झड़ी लगाते हैं। अल्लम प्रभु को लगा कि सिद्धराम ने लोगों को पता नहीं क्या पागल कर दिया है। अल्लम का यह वचन दर्शनीय है—

धरा पर लगे बड़े हाट की
मदद के लिए आए हुओं के बारे में
क्या कहा जाय।
तरह तरह की चीजों के व्यवहार में
न लेना हुआ न देना हुआ
वृथा क्या है यह झंझट?
भ्रांत शिव ने भ्रांत जग की सृष्टि की
इस रीति को देख चकित हो गया मैं, गुहेश्वर।

लाख शिला लिंगों की स्थापाना करने से क्या होगा? पत्थर का मन्दिर बनाकर, पत्थर के भगवान की स्थापना कर, पत्थर पर पत्थर रखोगे तो क्या वह देव है। देह ही देवालय होने पर अन्यत्र मन्दिर और स्थावर लिंग की क्या आवश्यकता है। चलो सिद्धराम से ही आमने-सामने होते हैं।

सरोवर बाँध पर काम करते सिद्धराम के भक्तों को पूछते हैं, 'कहाँ हैं वह कर्मठ तुम्हारे गुरु?' भक्तों को लगा ये हमारे गुरु की निन्दा कर रहा है। सिद्धराम के पास जाकर उस उद्दंड अल्लम के बारे में कहते हैं। सिद्धराम क्रोध से अपने ललाट नेत्र खोलकर जलते हुए अल्लम के पास आते हैं। सिद्धराम की नेत्र ज्वाला अल्लम के पैरों में बुझ गई। सिद्धराम को लगा कि ये तो अनुपम महीम अल्लम है। दोनों के मध्य जो संवाद चला वह महत्त्वपूर्ण है।

अल्लम—हे सिद्धराम! तुम क्रोध से यदि नेत्र ज्वाला फैलाओगे तो इसे अनुपम शरण क्रोध नहीं करते। 'ज्ञान का प्रकाश यदि जलने लगे' तो इससे तुम्हारे हृदय की ही हानि है। इस वाणी का सिद्धराम पर एक विशेष प्रभाव पड़ता है, और उसमें कोई परिवर्तन दिखाई देता है। एक अनिर्वचनीय बिजली चमकती है। सिद्धराम को लगता है कि मैं क्रोध में भटक गया था, जिससे सामने खड़े अनुपम शरण को समझ नहीं सका। साहस कर पूछते हैं—

सिद्धराम—मालिक से यदि नौकर गुस्सा करेगा तो हानि किसकी होगी? बताइए? महा महत् को साधना से प्राप्त आप महान को मैं समझ नहीं सका। मेरे व्यर्थ घमंड से ऐसा हुआ है। कृपा कर क्षमा कीजिए। मेरी नेत्रज्वाला मुझे जलाती है जिसे मैं समझ नहीं सका। 'गुरु वचन यदि सम्मुख खड़े होकर मारने का प्रयास करता है, तो मैं कहाँ जाऊँगा?'

सिद्धराम को लगता है मैं बाल्यकाल में जिस मल्लय्या के लिए तड़प रहा था, वे सामने खड़े होकर मुझे कृपा कर सांत्वना देते हैं तो मूर्खता ये मैं पहचान नहीं सका। आप भक्तिप्रिय हैं मैं जानता हूँ। इसलिए आपने मेरे अन्तरंग को जागृत किया है। मेरी रक्षा करना आप ही के हाथों में है।

मुखस्तुति भी अल्लम को ठीक नहीं लगता था।

अल्लम—जहाँ भक्त है वहीं पर कर्ता एक आता है तो शंकित न होते हुए विश्वास करना चाहिए। ऐसा रोते-गिड़गिड़ाते आँखों के आँसुओं ने मुझे हिलाकर रख दिया है। बड़े ही प्यार से मैंने तुम्हें अपनाया है।

अब सिद्धराम को लगा कि जन्म सार्थक हुआ। मैं धन्य हुआ।

सिद्धराम—आपके लिए मेरा हृदय पीठ समर्पित है। नेत्रारती उतारता हूँ। आपके आगमन से, आपकी करुणा से मेरे प्राण में नवचेतना आ गई है।

अल्लम प्रभु—वह सब ठीक है सिद्धराम। अब तुम्हें कर्मयोग से शैवाचरणों की स्थावर लिंगाराधना, होम हवनाचरणों से मुक्त होकर बाहर आना होगा। ये सब लिंगायताचरण नहीं हैं। कर्मठ भाव से हटकर भ्रम से मुक्त होना होगा। कर्मयोगी से अब तुम्हें शिवयोगी बनना है, शिवयोगी सिद्धराम कहलाना है।

दोनों में वाद-संवाद-चर्चा चलती है। सिद्धराम प्रभावित होते हैं, अल्लम का वाद सत्य लगता है। सिद्धराम कुछेक क्षणों के लिए अन्तर्मुखी होते हैं। लगता है किसी अलौकिकता में प्रवेश कर गए हैं। स्तब्ध और शान्त हो जाते हैं, फिर जागृत होकर अपनी गलती स्वीकार करते हैं और अल्लम प्रभु को कृतज्ञता समर्पित करते हैं। कहते हैं :

सिद्धराम—मैं ऐसा यदि कर्मयोग में व्यस्त नहीं होता तो आप यहाँ आते कैसे? लगता है आपके आगमन के लिए ही यह सब हुआ है। सिद्धरामेश्वर के एक वचन में इसकी अभिव्यक्ति देखने को मिलती है—

सरोवर नदी नद मन्दिरों के
कारण से आपका दर्शन हुआ,
चोट लगी पत्थर को हटाने से
उसके नीचे निधि पाने की तरह
मेरी विस्मृति के तम के बीच
से सूर्योदय होने की तरह
भ्रम को दूर कर कपिलसिद्ध मल्लिकार्जुन
लिंग प्राप्त हुआ प्रभुदेव की करुणा से।

सिद्धराम—मेरे अज्ञान की वजह से यह सब हुआ है। यज्ञ-याग-खेत-सरोवर के कामों में व्यस्त रहना मेरा अज्ञान था। अब ऐसा नहीं होगा। कर्मयोग की ओर अब नहीं जाऊँगा। मेरी भक्ति से प्रसन्न होकर कपिलसिद्ध मल्लिकार्जुन सोन्नलिगे आए थे। उनके कहने से ही लिंग की स्थापना की थी। मैंने विश्व के हर कण में कपिलसिद्ध मल्लिकार्जुन को देखा है, इसमें कण मात्र असत्य नहीं है।

जैसा आपने कहा है, मुझे कर्मयोग से मुक्त होकर शिवयोग में एक होना है और शिवयोगी होना है। इसके लिए आपकी कृपा और आपका मार्गदर्शन चाहिए।

शक्कर को छोड़कर उसके भीतर की रुचि क्या बाहर निकाली जा सकती है? माखन के बिना घी निकाला जा सकता है? पृथ्वी के बिना विश्व को बनाया जा सकता है? जंगम रहित लिंग नहीं है, लिंग रहित जंगम नहीं है। यह तो मैं भी जानता हूँ। शक्कर दिखता है इसलिए वह साकार है, रुचि दिखती नहीं है इसलिए वह निराकार है। इसी तरह लिंग साकार है, उसके भीतरी जंगमत्व निराकार हैं।

फिर भी दोनों में एक अविनाभाव सम्बन्ध है, एक-दूसरे के बिना उनका अस्तित्व नहीं है। आकार के बिना निराकार नहीं है। निराकार के बिना आकार नहीं है। लिंग-जंगम जैसा शब्द एक ही है न? जैसा आपने कहा है देह देवालय है, ठीक है। यह देखा जा सकता है। देह में स्थित प्राण निराकार है न? देह पीठिका बनकर, प्राण लिंग होता है, तो अन्यत्र एक संकेत (कुरुहु) की क्या आवश्यकता है? यह मेरी समस्या है। जब तक इस समस्या का उत्तर नहीं मिलता मैं निश्चिन्त नहीं होता हूँ।

सिद्धराम की समस्या दूर करने का प्रयास अल्लम प्रभु करते हैं। लिंगांग सामरस्य के लिंगांग सम्बन्ध बसवण्णा मात्र अच्छी तरह जानते हैं। षट्स्थल सिद्धि की साधना का ज्ञान बसवेश्वर से प्राप्त किया जा सकता है। मैं बसवेश्वर के दर्शन के लिए कल्याण जा रहा हूँ, तुम भी चलो। वहाँ तुम्हारी लिंगदीक्षा भी होगी, और शरणों का दर्शन भी होगा।

कल्याण की ओर...

संगन बसवण्णा का नाम सुनते ही सिद्धराम रोमांचित होते हैं। बसवण्णा के दर्शन की तीव्र इच्छा होने लगी। सिद्धरामेश्वर कहते हैं—

सिद्धराम—अब मुझे करस्थल-परस्थल कुछ नहीं चाहिए, मुझे बसवेश्वर को देखना है।

अल्लम—ठीक है, ठीक है। मुझे भी तुम्हारी तरह बसवण्णा को देखने की महा इच्छा है। बसवण्णा असामान्य व्यक्तित्व है।

अंग में आचार
आचार में प्राण
प्राण में लिंग
लिंग में जंगम
जंगम में प्रसाद
प्रसाद में नित्यत्व
नित्यत्व में दासोह

जैसे तत्त्व का बसव ने साक्षात्कार किया है। दासोह में अपने आपको समर्पित कर निजसुखी है बसवण्णा। चलो संगनबसवण्णा के दर्शन से नित्यानंद का सुख प्राप्त करते हैं।

कल्याण मार्ग पर चलते सिद्धराम सोचने लगते हैं कि अनुभव मंटप में मेरे कर्मयोग की चर्चा होगी ही। मेरी लिंगदीक्षा हो या नहीं?

मन में चिन्तन-मंथन चल ही रहा था। मन्दिर में लिंग स्थापना करने से वह स्थावरपूजा या कर्मपूजा कहलाती है। हथेली में लिंग रखकर करना भी अल्प समय के लिए सही, स्थावर पूजा ही कहलाएगी न? तो हस्त लिंग की पूजा स्वीकृत कैसे होगी? आज प्रभुदेव के साथ बसवण्णा के दर्शनार्थ कल्याण जा रहा हूँ, यही असीम सुख की बात है। यात्रा भर में अल्लम से बसवण्ण, चन्नबसवण्णा, अनुभव मंटप के बारे में सुनते रहे। कारण दोनों को थकावट का अनुभव नहीं हुआ।

कल्याण में हर कहीं शरण मंडली संवाद में व्यस्त है, बसवण्ण, चन्नबसवण्णा के वचनों को गायक मधुर कंठ में गा रहे हैं, सिद्धराम अपने को धन्य समझते हैं। कल्याण में सबका दर्शन भाग्य मिलता है। सिद्धराम की लिंगदीक्षा की प्यास को समझते हैं। अल्लम प्रभु भी सिद्धराम की लिंगदीक्षा की तीव्र इच्छा बसवण्णा और चन्नबसवण्णा के सम्मुख रखते हैं। स्थावरलिंग-इष्टलिंग की चर्चा भी होती है। सिद्धराम की इच्छापूर्ति के लिए बसवण्णा चन्नबसवण्णा को कहते हैं कि सिद्धराम की लिंगदीक्षा तुमसे हो।

सिद्धराम की लिंगदीक्षा चन्नबसवण्णा से होती है। कपिलसिद्ध मल्लिकार्जुन स्वयं सिद्धराम के करस्थल में लिंग के रूप में आकर, स्वयं कपिलसिद्ध मल्लिकार्जुन होने की रीति चन्नबसवण्णा समझाते हैं चन्नबसवण्णा को गुरू के रूप में स्वीकार करते हैं सिद्धराम।

ज्ञानी सिद्धराम-शिवयोगी सिद्धराम...

लिंगदीक्षा से इष्टलिंग महानिधि प्राप्त करने की सुख तृप्ति का अनुभव करने लगे सिद्धराम। महाज्ञानी, शिवयोगी सिद्धराम लिंग सम्बन्धों की सिद्धि की रीति ही अनिर्वचनीय थी। बड़े सम्भ्रम से कपिलसिद्ध मल्लिकार्जुन की पूजा लिंग के रूप में करते हैं, अलंकृत कर दर्शन सुख पाते हैं, अन्तरंग-बहिरंग के सत्-चित्-आनन्द का सुख भोग भागते हैं। सोचते हैं कि कपिलसिद्ध मल्लिकार्जुन ही इस प्रकार अंग सम्बन्ध में आने पर समता भाव को ही भक्ति समझनी चाहिए, सत्य को ही लिंग समझना चाहिए। सिद्धराम अनुभव करते हैं, सब अंगांगगुण नाश होकर लिंगांगगुण में परिवर्तित होता है तो वही लिंगांग सामरस्य है। लिंगांग सामरस्य पर कई वचनों की रचना करते हैं सिद्धराम। सब शरणों ने भी यही किया है।

लौटकर सोन्नलिगे को...

अल्लम प्रभु देशयात्रा पर निकल पड़ते हैं, कल्याण में क्रान्ति होती है। सब शरण बिखर जाते हैं। कोई श्रीशैल की ओर, कोई उळवी की ओर जाते हैं। सिद्धराम

सोन्नलिगे को लौटकर आते हैं। लिंगपूजा, ध्यान आदि से मन को शान्त करने का प्रयास करते हैं। इनके व्यक्तित्व में परिवर्तन देखकर सोन्नलिगे के भक्त आश्चर्यचकित होते हैं। शिष्य हाविनहाळ कल्लय्या जब संसार को निराकरण करना चाहते हैं तो इसे सिद्धराम ने स्वीकार किया था। अब विवाह करना चाहते हैं तो सामने खड़े होकर विवाह करवाते हैं। इस सन्दर्भ का एक वचन व्यक्ति मनोविज्ञान, सामाजिक मनोविज्ञान का एक वैचारिक वचन है।

इनके वचन

कहा जाता है सिद्धराम ने 1992 वचनों की रचना की है। इनके वचनों में लिंगयोग, लिंगांगसारस्य, लिंग सम्बन्ध, लिंगायत की सभी तात्त्विकताओं पर चिन्तन है। सामाजिक चिन्तन है, जीवन को पूर्ण रूप से समझने का प्रयास। ज्ञान की प्रतिभा का चरम विकास इनके वचनों में है। समता समाज, ऊँच-नीच, भेदभाव का निराकरण आदि बहुत्व अनुभव अनुभाव के लोक में इनके वचन विस्तार पाते हैं। एक वचन जिसमें वैचारिकता का दर्शन होता है, देखते हैं—

भक्त का मन स्त्री पर मोहित हो तो
विवाहित होकर सुख भोगना चाहिए,
भक्त का मन जमीन के मोह में हो तो
खरीद कर घर बनाना चाहिए
भक्त का मन सोने के मोह में हो तो
उसे श्रम से प्राप्त कर उपभोग करना चाहिए।
देखो जी, हे कपिलसिद्ध मल्लिकार्जुन!

बहुआयामी विस्तार क्षेत्र के वचनों की रचना कर बारहवीं सदी के वचनांदोलन के प्रमुख वचनकारों में सिद्धराम का नाम आदर से लिया जाता है।

सिद्धराम ने अपने एक वचन में कहा है कि उन्होंने कितने वचन गाये हैं—

अड़सठ हजार वचन गा-गा कर
थक गया है जी मेरा मन
गाता हूँ एक ही वचन
देखता हूँ एक ही वचन
विषय त्याग कर निर्विषय
होता हूँ एक ही वचन
कपिलसिद्ध मल्लेश में।

सिद्धराम 68 हजार वचनों की रचना करते हैं पर आज उपलब्ध हैं 1992 वचन। वचनों की संख्या अधिक है पर आशय एक ही है—आचार-विचार, विषय त्याग कर निर्विषय होना, इन सबके बारे में गाना एक ही वचन है।

अल्लम ने भी कहा है कि दो अस्सी करोड़ वचन गाकर मन रह गया है। पर 'गीत सब एक वाणी में...'। यहाँ 'लिंग ज्ञान प्राप्ति के बाद सब गीत एक ही वाणी में...' उल्लेखनीय है। अर्थात् लाख गीत लिखो पर 'ज्ञान' ही सब कुछ है उसी के प्रति लिखना होता है। ज्ञान प्राप्ति के लिए विचार आचार का एक होना आवश्यक है। एक होने पर करोड़-करोड़ संख्या एक में ही समाहित होती है।

सिद्धराम अपने एक वचन में केवल 9 (Nine) वचनकारों के वचन रचना की संख्या देते हैं, जो इस प्रकार है : अल्लम—दो अस्सी करोड़, अप्पय्य—चार लाख छत्तीस हजार, एम्मय के वचन वचन को एक, नीलम्म—एक लाख ग्यारह हजार, गंगांबिके—एक लाख आठ हजार, अक्क नागाई—तीन लाख चौरानबे, मडिवाळण्ण—तीन करोड़ तीन सौ, हड़पदप्पय्य—ग्यारह हजार, मरूळ सिद्ध—अड़सठ हजार।

सिद्धराम ने जो सूची दी है, इसे जानकर परमाश्चर्य होता है। पर अब बसवयुगीन 213 वचनकारों के 14,935 वचन मात्र उपलब्ध हैं। सिद्धराम के हिसाब से 213 वचनकारों के वचनों की संख्या कितनी रही होगी? इतने विशाल विस्तार के वचनों का नाश मानव कुल के इतिहास में ज्ञान की हानि सीमातीत है। ज्ञान से शासक वर्ग इतना क्यों डरा हुआ है? क्योंकि **'ज्ञान सदैव शासक वर्ग का दुश्मन होता है और आम आदमी का मित्र होता है।'**

कन्नड़ का वचन साहित्य मनुष्य के इतिहास में मानवीयता का बहुत बड़ा मित्र था। वचनकारों में शिवयोगी सिद्धराम अनुपम चरित, शरण श्रेष्ठ थे। वे ज्ञानी सिद्धराम-शिवयोगी सिद्धराम कहलाते थे।

सिद्धरामेश्वर के वचन

अंग को भोग देनेवालों को देखा मैंने
किन्तु लिंग को भोग देनेवालों को नहीं देखा
लिंग को षोडश उपचार करनेवालों को देखा
किन्तु मन समर्पित करनेवालों को नहीं देखा।
मन समर्पित करनेवालों को देखा
मगर उनको नहीं देखा जिनका मन ही लिंग हो
कपिलसिद्धमल्लय्या॥ 1॥

अंग लिंग एक होने के बाद
अंगेन्द्रियों का आचरण नहीं करना चाहिए।
अंगेन्द्रिय फिर
लिंगेन्द्रिय बनकर व्यवहार करेंगे।
'घृतो भूत्वा कथं क्षीरं भवत्येव वरानने'
यह आगम उक्ति क्या कभी झूठ साबित होगी?
अंगेन्द्रिय बनकर आचरण करने पर भवसंसार नष्ट नहीं होता
कपिलसिद्धमल्लिकार्जुन॥ 2॥

अंग के साथ एक न होनेवाला लिंग प्राण में कैसे एक हो पाएगा?
गणेशजी को दिखाकर गुड़ खानेवालों जैसे
इष्टलिंग को दिखाकर पेट भरते हैं।
कपिलसिद्धमल्लिकार्जुन,
शिकायत तुम पर की गई, परन्तु लूट किसने की॥ 3॥

अंग कहने से अज्ञान है, लिंग कहने से सुज्ञान है
लिंग के द्वारा आचरण करना चाहिए।
अंग के द्वारा नहीं, कपिलसिद्धमल्लिकार्जुन॥ 4॥

अग्नि के स्पर्श से कनक का कलंक छूटा
जल के स्पर्श से देह का कलंक छूटा
भागीरथी के स्पर्श से दोष दग्ध हुआ
हमारे कपिलसिद्धमल्लिकार्जुन रूपी लिंग के स्पर्श से
प्रारब्धत्रय का नाश हुआ देखो, बाचरसय्या॥ 5॥

स्वामी गर्म लोहे के अन्तर्गत पानी की तरह
शब्द के अन्तर्गत अव्यक्त की तरह
मरीचिका के अन्तर्गत शून्य की तरह
मुझे कब अन्तर्गत कर लोगे बताओ
कपिलसिद्धमल्लिकार्जुन॥ 6॥

हे करुणी, आँसुओं की दिशाहीन सागर में
छिप-छिप कर मोहित हो रहा था
स्वामी, दिशाहीन पशु मैं हूँ।
हे पशु पाश-विमोचक
आओ, इस शिशु को अपने वश में लेकर उबारो
मेरे दयालु कपिलसिद्धमल्लिकार्जुन॥ 7॥

स्वामी, नर समुद्र रूपी कीचड़ में
जो छोटा कीचड़ है, उसमें
स्वामी, यह लोक सागर में फँसकर कलप रहा है।
यह लोक कलुषित है, आओ मुझे हाथ देकर उठाओ
कपिलसिद्धमल्लिकार्जुन॥ 8॥

स्वामी, संसार रूपी पोत में रहकर मैं
भवलोक रूपी समुद्र में फँसकर डूब रहा हूँ,
जल्दी आओ, जल्दी आओ
वज्रलेप में फँसा हूँ जल्दी आकर उठाओ
कपिलसिद्धमल्लिकार्जुन॥ 9॥

स्वामी जो तुम्हारे शरणों को देख दया न दिखाते हैं
तुम्हारे शरणों को जो अपना नहीं समझते

तुम्हारे शरणों की मूर्ति ध्यान में जो मूर्च्छित न होते हैं
ऐसे वेषधारी बड़बोलों का, बाह्य संकेत के लम्पटों
के मज्जन करानेवाले भवियों पर कृपा क्यों करते हो,
हे कपिलसिद्धमल्लिकार्जुन! ॥ 10 ॥

स्वामी, आपके श्री चरणों में पडूँगा
ध्यान करते मन को बिगाड़ने, मोह रूपी हवा के बहने से
क्रोध की आग में जलकर तड़पूँगा।
स्वामी, आपको याद करनेवाले मन को सतानेवाली
विधि को मारकर मुझमें बसो
हे गुरु, देवों के देव कपिलसिद्धमल्लिकार्जुन ॥ 11 ॥

स्वामी, संसार, निस्सार रूपी जंगल में
स्वामी, काम रूपी चोर को दिखाकर चौंकोगे, चौंकाओगे, डराओगे
स्वामी, काम को बुलाकर कहो यह मेरा अपना है, अपना है
कपिलसिद्धमल्लिकार्जुन ॥ 12 ॥

सूखे तालाब में जैसे झरना आकर मिला हो,
हे स्वामी, आपके दर्शन कर आँखों से अश्रुधारा बह निकली है
मेरे मन के लिए मन वेद्य होने से
अपने हाथ में आने से जो आनन्द मिला
उससे मैं अत्मविभोर हो गया
कपिलसिद्धमल्लिकार्जुन के दर्शन का वह सुख
और किसी को सम्भव नहीं ॥ 13 ॥

ज्ञानी मरा कैसे? ज्ञानी जनमा कैसे?
ज्ञानी कैसे घोर पाश में फँसा?
ज्ञानी तो चिरंजीवी है देखो कपिलसिद्धमल्लिकार्जुन ॥ 14 ॥

हाँ, हाँ, और क्या ?
अज्ञान के लिए छोटा-बड़ा का भाव है
ज्ञान में छोटा-बड़ा का भाव है कैसा?
मरनेवाले के लिए ही डर रहता है

अजात को डर कैसे? बताओ
कपिलसिद्धमल्लिकार्जुन में
महादेवियक्का के भव्य स्वरूप के सामने
नमस्कार कर शुद्ध बना,
देखो, चेन्नबसवण्णा ॥ 15 ॥

आसमान के बादल की तरह, पानी की लहर की तरह
आ रहा है यह जीव
नहीं जानता वह आया कैसे, नहीं जानता वह गया कैसे
जो लिंग वस्तु प्रस्तुत है, उसे सत्य समझा मैंने
कपिलसिद्धमल्लिकार्जुन ॥ 16 ॥

तब भी मेरा मन पेट की भूख की ओर जाएगा
देख नहीं पाता,
स्वामी, इसे समझ नहीं पाऊँगा पिता,
मुझे पेट की भूख में फँसा कर आप चले गए
कपिलसिद्धमल्लिकार्जुन ॥ 17 ॥

हाथी के रखवाले और
बकरी के रखवाले में भेद समझो,
बन्दर की तरह बैठना तुम समझो,
पागल मन की रीति समझो,
कपिलसिद्धमल्लिकार्जुन, अन्धकार दूर करो।
हमारे बाल मन को समझो ॥ 18 ॥

कोई कुछ भी कहे समचित्त रहना ही समता है
कोई भी निन्दा करे तो मन का कालिक दूर किया
ऐसा समझना ही समता है।
कोई भी प्रशंसा करे उन्हें अपने जन्म-जन्मान्तर का
दुश्मन समझना ही समता है,
यह गुरु कारुण्य है।
मन वचन काया में क्षोभ रहित अपनों को

अपना ही समझना समता है।
हे कपिलसिद्धमल्लिकार्जुन! ॥ 19 ॥

कोई भी हो हमें काँटों के बिछावन पर गिराए
या हंसतूलिका तल्प पर लुढ़काए
लुढ़काने से मन विचलित न हो ऐसा रहने का
आपका यह समता गुण
मुझमें वह कब आ पाएगा, बताओ,
कपिलसिद्धमल्लिकार्जुन ॥ 20 ॥

कोई भी हो हमें पीछाकर पत्थर के गोलों में रखें
या फूल में रखें मन विचलित न हो
ऐसा रहने का आपका समता गुण
मुझमें कब आ पाएगा
बताओ, कपिलसिद्धमल्लिकार्जुन ॥ 21 ॥

पानी तो एक ही है
वह ताड़ के आश्रय में होने से देशी शराब कहलाया
कल्पवृक्ष के आश्रय से अमृत कहलाया।
देह तो एक ही है
वह अंगनाओं के आश्रय से भवलोक के लिए बीज बना।
लिंग के आश्रय से भवारण्य के लिए दावानल बना, देखो
कपिलसिद्धमल्लिकार्जुन ॥ 22 ॥

प्राण संचलन अवरुद्ध कर मैं आपको नहलाऊँगा,
विषय वासना दूर कर आपको चन्दन लेपन करूँगा,
स्मृति स्थिर कर आपको फल चढ़ाऊँगा,
कर्मज्ञानेन्द्रिय विकारों को भस्म कर उसमें धूप डालूँगा,
मैं अपने को नैवेद्य में आपको अर्पित करूँगा,
कपिलसिद्धमल्लिकार्जुन,
बाह्य उपचार की पूजा में मेरा मन आकर्षित नहीं होगा। ॥ 23 ॥

बस्ती में जो वस्तु है वही है देखो
वन में जो वस्तु है वही है देखो,
संचरण कर जगत् का उद्धार करनेवाली वस्तु भी वही है देखो,
तीनों लोकों के स्वामी कपिलसिद्धमल्लिकार्जुन
नामक वस्तु वही है देखो॥ 24॥

बस्ती के लिए एक नाला हो तो;
पानी पीनेवालों के लिए एक अलग नाला है क्या?
नहीं, नहीं।
समझनेवालों का एक भगवान है तो
उस लोकवालों का भी एक ही भगवान है क्या?
नहीं, नहीं।
हमारे कपिलसिद्धमल्लेश के सिवा कोई और भगवान नहीं॥ 25॥

मेरे तन-मन का स्वामी तुम ही हो,
मन का महादेव तुम्हीं होने पर
मैं अपने मन को चुराकर कहाँ छिपा रखूँ?
मेरे मन-वचन-काया के तुम्हीं स्वामी हो
कपिलसिद्धमल्लिकार्जुन, तुम्हारे चरणों में पड़ूँगा नमस्कार॥ 26॥

मेरा संरक्षण आपका है
मेरी हानि-वृद्धि आपकी है
मुझे ज्यादा मत तड़पाओ पिता
आपका सताना मेरे प्राण की हानि है।
कपिलसिद्धमल्लिनाथ
मैं आपकी कृपा में हूँ,
मुझे मार डालो या रक्षा करो॥ 27॥

हमारे एक वचन-पारायण के आगे
व्यास का एक पुराण भी बराबर नहीं।
हमारे एक सौ आठ वचनों के अध्ययन के सामने
शतरुद्रीय याग बराबर नहीं
हमारे वचनों के हजार पारायण के आगे

गायत्री का लाख जप समा नहीं सकता।
हे कपिलसिद्धमल्लिकार्जुन! ॥ 28 ॥

हे स्वामी, मुझमें जवानी आ गई है, जवानी चढ़ गई है
जवानी भर आई है,
परन्तु मेरी जवानी को जीतनेवाला नहीं
मेरी जवानी से खुश होनेवाला नहीं
मेरी जवानी के लिए जवान न होने से भ्रम में पड़ी हूँ
मेरी जवानी पर विजय प्राप्त करें तो मैं धन्य हुई,
कपिलसिद्धमल्लिकार्जुन ॥ 29 ॥

हे स्वामी, आपके आगमन के लिए मेरी आँखें लालायित हैं
हे स्वामी, आपके आगमन के लिए मेरा मन पलंग बिछा है।
हे स्वामी, आपके आगमन के लिए मेरा चित्त जागृत है।
हे स्वामी, आपके आगमन के लिए
मैं ज्ञान का आँचल फैलाकर मोहवश पड़ी हूँ।
हे स्वामी, आप आकर
मेरे साथ अविलंब समाकर मुझे अपना बना लो
हे कपिलसिद्धमल्लिकार्जुन! ॥ 30 ॥

बाण से आहत मृग जैसा मेरा मन, हे शम्भु
उसे न काँटे का ध्यान है न पत्थर का, भाग रहा है मन
भक्ति रूपी साँकल से मेरे मन को बाँधो
कपिलसिद्धमल्लिकार्जुन।॥ 31 ॥

सम्पत्ति तालाब, पेड़ पौधे फल,
व्यर्थ होने से पहले त्योहार मनाओ।
दूध रहते त्योहार मनाओ
भक्ति और युक्ति नष्ट होने से पहले
लिंग को जंगम मानकर सेवा करो तो
कपिलसिद्धमल्लिकार्जुन
स्वतंत्र, अपने को देगा ॥ 32 ॥

यह क्या प्रभु ? सन्तान को माता-पिता कहीं सताते हैं?
मैं गुरुस्थल के लिए योग्य नहीं,
लिंगस्थल के लिए योग्य नहीं,
जंगमस्थल के लिए योग्य नहीं,
मैं आपके राजा के आँगन में मात्र एक मजदूर हूँ,
कपिलसिद्धमल्लिकार्जुन ॥ 33 ॥

मिले जुले रहने का सामरस्य क्षुद्र मन वाले क्या समझेंगे
हे शिव, आपके शरणों के सिवा ?
समुद्र में स्थित मोती की गहराई का रहस्य
जड़, जीव कैसे पहचानेंगे, हे मृड आपके शरणों के सिवा ?
कपिलसिद्धमल्लिकार्जुन ॥ 34 ॥

पढ़ाई सद्गुणों के लिए नहीं तो
क्या कानाफूसी है, स्वामी ?
भक्ति करना मोक्ष के लिए नहीं तो
डम्भाचार के लिए है क्या, स्वामी ?
वेषधारी का खेल पैसा कमाने के लिए है नहीं तो
वह दिखावे के लिए है क्या, स्वामी ?
हे कपिलसिद्धमल्लिकार्जुन! ॥ 35 ॥

तराशा पत्थर लिंग बना
न तराशा पत्थर पत्थर कहलाया।
पूजा कर मानव भक्त कहलाया
पूजा न कर मानव मानव कहलाया।
पत्थर हो तो क्या हुआ ? वह पूजा का कारण बना;
मानव हो तो क्या हुआ? भक्ति का कारण बना
पत्थर लिंग नहीं, लिंग पत्थर नहीं, देखो,
कपिलसिद्धमल्लिकार्जुन ॥ 36 ॥

कामरूपी कानन में ढूँढ़ रहा हूँ
भक्ति रूपी सोने के हिरन को
लिंगत्रय रूपी जाल में मृग फँसा भाग रहा हूँ।

जाल टूट गया
कपिलसिद्धमल्लिकार्जुन रूपी
परम मुक्त राज्य पा गया॥ 37॥

घास देखकर पशु आकर्षित होते हैं
भोजन देखकर ब्राह्मण आकर्षित होते हैं
युद्ध देखकर वीर आकर्षित होते हैं
सभा देखकर विद्वान आकर्षित होते हैं
ये सभी माया के अधीन हैं
माया रहित नहीं,
देखकर भी आँखें खोलकर न देखनेवाले
महामहिम जंगम के चरणों का स्पर्श कर
नमो नमो कहूँगा मैं, कपिलसिद्धमल्लिकार्जुन॥ 38॥

करणेन्द्रियों के जंगल में मैं भटक गया
ध्यान रूपी मठ में मैं निर्मल बन गया,
महान संयोग में तुम मैं बना
कपिलसिद्धमल्लिकार्जुन
मिलकर एक हो गया। ॥ 39॥

हे करुणाकर, तुम करतलामलक कब होगे?
तुम्हारे ध्यान रूपी महासमुद्र में मैं कब डूबूँगा?
आवेगा या नहीं आवेगा का सन्देह कब खत्म करूँगा?
हे कामहर, कपिलसिद्धमल्लिकार्जुन
कब तुम्हारी करुणा रूपी आँखें खुलेंगी?॥ 40॥

हे करुणाकर!
दिशा भ्रमित नर पशु बने मुझको
नाश करना ठीक है क्या, बताओ।
हे सकलानन्द, आनन्द रूप
इस कमी को दूर करो
कपिलसिद्धमल्लिकार्जुन॥ 41॥

कल्पवृक्ष को पेड़ कह सकते हैं क्या?
कामधेनु को पशु कह सकते हैं क्या?
परुष के टुकड़े को पत्थर कह सकते हैं क्या?
हमारे कपिलसिद्धमल्लिकार्जुन का आवाहन करनेवालों को
क्या मानव कह सकते हैं? ॥ 42 ॥

पत्थर के भगवान में वल्लभ है ऐसा समझ
खुलकर, प्यार मत करो। क्षुद्रता से बात मत करो
एक बार समझ सको तो
कपिलसिद्धमल्लिकार्जुन के
शरणों के चरणों में तल्लीन हो जाओ, हे कल्लय्या! ॥ 43 ॥

पत्थर पानी में हो सकता है
मगर क्या वह पानी को निगलकर पानी बन सकता है, स्वामी ?
आग पानी में हो सकता है
मगर क्या वह पानी को निगलकर पानी बन सकता है?
प्रसादी भव में रह सकता है
मगर क्या वह भव को निगलकर भवि बन सकता है, स्वामी ?
कपिलसिद्धमल्लिकार्जुन ॥ 44 ॥

शिल्पी के हाथ छेनी देने मात्र से
पत्थर रूप पा सकता है क्या?
आद्य शरणों के वचन विद्याविहीन की जीभ पर होने मात्र से
वह विद्यामय हो सकता है क्या?
कपिलसिद्धमल्लिकार्जुन ॥ 45 ॥

भ्रांति की आँखें खोलकर मुझे उसमें समा लिया
हाय हाय हे स्वामी,
मुझे विषय विकार का शिकार बना दिया
जैसे क्रोध के दावानल के लिए जंगल को शिकार बनाया
मेरे कपिलसिद्धमल्लिकार्जुन ॥ 46 ॥

देख सकते हैं, मगर हाथ नहीं लगता
समझ सकते हैं, मगर पहचाना नहीं जाता
अनुभव कर सकते हैं, मगर उससे जुड़ना नहीं होता
इस तरह अनुपम, महातत्त्व को
हे कपिलसिद्धमल्लिकार्जुन, आपका शरण ही जानता है॥ 47॥

काम को देखी दृष्टि से न देखकर
चन्द्रनयन से देखकर मुझे पालो हे पिता!
तुम तो कामारी हो, मुझे काम के हाथ में मत सौंपो
हे कपिलसिद्धमल्लिकार्जुन! ॥ 48॥

काया की बाह्य चक्षु बन्द कर
मन भावना और ज्ञान की अन्त:चक्षु खोलकर
आ सकता है, इस परवशता को मैं कान लगाकर सुनता हूँ।
परन्तु वह किस ओर से आ टपका, इसे नहीं जानता।
ज्ञान की आँखों के लिए शिव का प्रतिबिम्ब प्रतिफलित होने पर
आँख भर देखा, मन भर याद किया
उस प्रतिबिम्ब के द्वारा मैं
कपिलसिद्धमल्लिकार्जुन से एक हो जाऊँगा॥ 49॥

कायधारी को नवनीत के रोम जैसा होना चाहिए।
आईने के प्रतिबिम्ब जैसा होना चाहिए।
पहाड़ के दावानल जैसा होना चाहिए।
आषाढ़ के तूफान जैसा होना चाहिए।
सबके बीच सबकी तरह होना चाहिए देखो
कपिलसिद्धमल्लिकार्जुन॥ 50॥

गरम लोहा जल को समा लेने के समान
गिरे बूँद को भूमि के समा लेने के समान
नवनीत घृत के समा लेने के समान
पान तांबूलरस के समा लेने के समान
मेरी काया को अपनी काया में समा लेता है देखो
कपिलसिद्धमल्लिकार्जुन॥ 51॥

कुम्हार की भट्ठी में कुम्हार नहीं
लोहार के कलशों में लोहार नहीं
परन्तु भट्ठी और कलशों में
कुम्हार और लोहार के अस्तित्व के समान है देखो
इस जगत् में, हे कपिलसिद्धमल्लिकार्जुन! ॥ 52 ॥

भेड़ का नाम और अग्नि का नाम एक ही होने से
आग का सामर्थ्य भेड़ में आ पाएगा क्या?
मेढक और साँप का नाम एक ही होने से
साँप का सामर्थ्य मेढक को मिल पाएगा क्या?
मेरा और हमारे शिवशरणों का नाम एक ही होने से
उनका सामर्थ्य मुझमें आ पाएगा क्या?
कपिलसिद्धमल्लिकार्जुन ॥ 53 ॥

कुलज होकर मैं क्या करूँगा?
कुल के पास भगवान नहीं, मन के पास भगवान है।
किसी भी योनि में पैदा होने से क्या ?
श्रेष्ठ कुलज वही है जिस पर तुम्हारी कृपा होगी
कपिलसिद्धमल्लिकार्जुन ॥ 54 ॥

कुल का नाम लेकर लड़नेवाले भाइयो सुनो,
कुल क्या डोहार का? कुल क्या मादार का?
कुल क्या दुर्वास का? कुल क्या व्यास का?
कुल क्या वाल्मीकि का? कुल क्या कौंडिन्य का?
कुल देखोगे तो उसमें कुछ सत्व नहीं
उनका चाल-चलन देखोगे तो
ऐसे लोग तीन लोकों में नहीं मिलेंगे,
कपिलसिद्धमल्लिकार्जुन ॥ 55 ॥

तालाब का पानी, वृक्ष का फूल अर्पित करने से
होगा क्या लिंगार्चन?
जल अभिषेक करने के लिए वह धूम में थका है क्या?
पुष्प से अलंकृत होने के लिए वह क्या विटपुरुष है?

तुम्हारे मन रूपी जल से, ज्ञान रूपी पुष्प से पूजा करो तो
मैं तुम्हें भक्त कहूँगा, महेश्वर कहूँगा,
कपिलसिद्धमल्लिकार्जुन॥ 56 ॥

क्रियाओं में भेदभाव है, न कि ज्ञान में, भाई
'क्रियासु शतशो भेदा ज्ञानमेकं विराजते।
सुरुचीनि पदार्थानि जिह्वेकैव विराजते।।'
नामक उपनिषद वाक्य झूठ नहीं देखो,
कपिलसिद्धमल्लिकार्जुन॥ 57 ॥

क्षीर समुद्र में रहनेवाले हंस को
अन्य क्षीर से क्या लेना-देना?
सुगंधित पुष्प में रहनेवाले भौंरे को
दूसरे फूलों से क्या लेना-देना?
समुद्र में रहनेवाले मेढक को
किसी दूसरे पानी से क्या लेना-देना?
माँ का दूध पीते बच्चे को
दूसरे किसी दूध-पानी से क्या लेना-देना ?
सकल प्रदायक लिंग में लीन शरण को
किसी अन्य पद से क्या लेना-देना?
बताओ, कपिलसिद्धमल्लिकार्जुन॥ 58 ॥

चन्दन का पेड़ काटने से
दुखी होकर अपनी गंध को छोड़ता है क्या?
शुद्ध सोना लाकर गरमाकर काटने कूटने से
दुखी होकर दोष ग्रहण करता है क्या?
गन्ने को काटकर टुकड़े को यंत्र में डालकर
घुमाने पर, गरम करने पर,
दुखी होकर अपना मिठास छोड़ता है क्या? भाई
ला लाकर भव की गाँठ खोलने से
आपका ज्ञान कहीं छोड़ पाऊँगा क्या? स्वामी
कपिलसिद्धमल्लिकार्जुन॥ 59 ॥

गिरि गुफाओं में ढूँढ़-ढूँढ़कर थका हूँ माँ
निहारते-निहारते आँखें थक गई माँ
तुमने गुरु के रूप में आकर इस भव से पार लगाया मुझे
मैं समझ गया कि तुम भक्तकारण परशिवमूर्ति ही हो।
कपिलसिद्धमल्लिकार्जुन ॥ 60 ॥

गुरु के सम्बन्ध के लिए यह तन बना
लिंग के सम्बन्ध के लिए यह मन बना
जंगम के सम्बन्ध के लिए यह धन बना
बसवण्णा के सम्बन्ध के लिए भक्ति बनी
कपिलसिद्धमल्लिकार्जुन ॥ 61 ॥

गोपाल भूपाल के स्मरण से क्या भूपाल बन सकेगा?
उन दिनों के शिवगणों को देख
आज के जीव बार-बार स्मरण कर
धन्यता भाव रखनेवालों की रीति तो देखो
कपिलसिद्धमल्लिकार्जुन ॥ 62 ॥

लहरों के थप्पड़ से युक्त समुद्र
भूत-प्रेतों से युक्त कानन
और घातक भव के कूप में ढकेलने से न गिरूँगा
क्योंकि तुम्हारा आधार है।
अनादि संसिद्ध योगमूर्ति
तुम्हारा साथी मैं तुम्हारी वंचना को क्या न समझूँगा,
कपिलसिद्धमल्लिकार्जुन ॥ 63 ॥

संचलन से जंगम कहलाया लिंग
बसकर लिंग कहलाया लिंग
इसके अस्तित्व को बताने पर गुरु कहलाया लिंग
गुरु-लिंग-जंगम में तिलांश भी भेद नहीं
देखो, हे देव!
भेद करनेवाले को भवबाधा से छूट नहीं,
देवों के देव कपिलसिद्धमल्लिकार्जुन ॥ 64 ॥

चलनेवाले जंगम को चर्या ही शोभती है
सुन्दर नारी को गम्भीर पुरुष ही शोभता है
तालाब के पानी को सुन्दर हंस ही शोभता है
वन के वसंत को कोयल का गान ही शोभता है
हमारे कपिलसिद्धमल्लिकार्जुन के शरणों को
निर्मल निजानन्द ही शोभादायी है॥ 65॥

जग को नचानेवाला, जग की अवहेलना करनेवाला है
जगत् के नाटक करनेवाले नट की रीति तो देखो
जगत् को रंजित करता है, जगत् को भोगता है
जगत् के अन्दर रहता है, जगत् के बाहर भी रहता है।
जगत् में देखने पर भी अनदिखा-सा रहता है
दर्पण के भीतर के प्रतिबिम्ब-सा रहता है
जल-पद्म पत्र के समान रहता है
हे मेरे गुरु, स्वतंत्र कपिलसिद्धमल्लिकार्जुन की
कृपा खत्म होते ही जग का खेल खत्म हो जाएगा॥ 66॥

जल के भीतर के चन्द्र की चहल-पहल जल में ही है
निज चन्द्र में नहीं।
घट के भीतर का प्रतिबिम्ब घट में ही है
बिम्ब में नहीं होता।
जल के भीतर के चन्द्र का चलन
घट के भीतर के प्रतिबिम्ब सच नहीं है देखो,
कपिलसिद्धमल्लिकार्जुन॥ 67॥

भवसागर में रहकर भी मछली पानी को अपनी नासिका की तरफ
न ले जाने का उसका तरीका तो देखो
शरण जगत् के अन्दर रहकर भी
यह संसार उसको अपनी तरफ नहीं खींच पाता,
उसका यह तरीका तो देखो
मत्स्य की वह बुद्धि, शरण को तुमने ही प्रदान की
मेरे कपिलसिद्धमल्लिकार्जुन॥ 68॥

जल में निकले बुदबुदे जैसे जल में ही समाहित होते हैं,
आपके अन्दर जो समाया है, उसे कौन जानता है?
शरण दैहिक देव महत् से पूर्ण होने का भेद कौन जानता है?
घड़े के भीतर का चन्द्र कइयों के साथ संचालित जैसे होता है
वैसे तुम जो उनके भीतर हो उसे तुम्हारे शरणों के अलावा
और कौन जान पाते हैं?
कपिलसिद्धमल्लिकार्जुन॥ 69॥

कुलीन और कुलहीन के पानी पीने जाने से
पानी ने उन्हें ढकेल दिया क्या?
उस पानी की तरह होना चाहिए न बड़ों को!
मेरा मन चंचल न हो ऐसा एकाग्र रहने की
आपकी समता बुद्धि
मुझमें कब आकर समा जाएगी बताओ
कपिलसिद्धमल्लिकार्जुन॥ 70॥

जीव के रहने तक वह क्रोध का मूल है।
काया के रहने तक वह काम का मूल है।
सांसारिकता में रहने तक वह आशा का मूल है।
इस तरह की आशाओं को नष्टकर
शिवयोग की श्रेष्ठता के दर्शन कराओ
कपिलसिद्धमल्लिकार्जुन॥ 71॥

स्वयं ज्ञानी होने पर आपको आईने के बिम्ब सदृश होना चाहिए
स्वयं ज्ञानी होने पर आपको उस ज्ञान में स्थिर रहना चाहिए।
स्वयं ज्ञानी होने पर आपको संशय रहित रहना चाहिए
कपिलसिद्धमल्लिकार्जुन॥ 72॥

शरीर देना चाहूँ तो वह गुरु का है
मन देना चाहूँ तो वह लिंग का है
धन देना चाहूँ तो वह जंगम का है
उनकी वस्तुओं को उन्हें सौंपकर
मैं भक्त बन गया कहने वालों के

बड़प्पन की हानि को देखो
हे कपिलसिद्धमल्लिकार्जुन॥ 73॥

तन से दासोह कर गुरुप्रसादी बना बसवण्णा।
मन से दासोह कर लिंगप्रसादी बना बसवण्णा।
धन से दासोह कर जंगमप्रसादी बना बसवण्णा।
इस प्रकार त्रिविधि से दासोह कर,
सद्गुरु कपिलसिद्धमल्लिकार्जुन
आपका शरण स्वयं प्रसादी बना बसवण्णा॥ 74॥

शरीर रूपी साँप की पिटारी में मन रूपी सर्प आवृत्त हो तो
उसे आश्रय न देकर
उस साँप को हटाकर
शिवलिंग को स्थापित करनेवाले
श्री गुरु, शरणु शरणु जैसे वाक्य में
आकार चतुष्ट्य को आनन्द में रखा,
एकोरुद्र शिष्ट कपिलसिद्धमल्लिकार्जुन ने॥ 75॥

तामसिकता से तुम्हारा ध्यान करनेवालों को
तुम तामस पद दोगे।
सेवा कर तुम्हारा लगातार ध्यान करनेवालों को
कारुण्य पद दोगे स्वामी
हे अनादि मूर्ति कपिलसिद्धमल्लिकार्जुन! ॥ 76॥

अपने से बनी स्त्री अपने सिर पर चढ़ी थी
अपने से बनी स्त्री अपनी गोद पर चढ़ी थी
अपने से बनी स्त्री ब्रह्मा की जीभ पर चढ़ी थी
अपने से बनी स्त्री नारायण की छाती पर चढ़ी थी
इसीलिए, स्त्री केवल स्त्री नहीं, स्त्री राक्षसी नहीं
स्त्री साक्षात् कपिलसिद्धमल्लिकार्जुन है देखो॥ 77॥

जानबूझकर विषयासक्ति में पड़नेवाला अनुभावी है क्या?
विषयासक्ति नष्ट होकर आनन्द में पड़नेवाला अज्ञानी है क्या?

ज्ञानी बनने के बाद विषयवासना मिटनी चाहिए
विषयवासना नष्ट होने के बाद
भालचन्द्रधर को कपिलसिद्धमल्लिकार्जुन बनना ही चाहिए॥ 78॥

ज्ञानी बन गया मैं ज्ञानी बन गया कहते हुए
कई लोग नष्ट हो गए अहंकार में।
मैं ज्ञानी न बना, मैं ज्ञानी न बना कहते हुए
कई लोग पड़ गए विस्मृति में
ज्ञानी बना, नहीं बना कहना ज्ञान का उलझन है
जानना ही ज्ञान, भूलना ही विस्मृति
इस उभय को जानकर भी
अनजान-सा रहे तो
वह शुद्ध जल का नळिनाक्षनुत कपिलसिद्धमल्लिकार्जुन स्वयं ही है॥ 79॥

दर्पण में मुख देखते हैं
मगर दर्पहर में मुख देखनेवाले कोई नहीं हैं, देखो जी
न्यायांग दंड के लिए द्रव्य देते हैं
मगर न्यायातीत की पूजा के लिए कोई भी
भंडार देनेवाले नहीं, सब चोर हैं
कपिलसिद्धमल्लिकार्जुन।॥ 80॥

गरीब अमीर से डरे बिना, गरीब से डरेगा क्या?
राजा महाराजा से डरे बिना, प्रभुता से डरेगा क्या?
पर शिवयोगी अपने अन्तर्यामी से डरे बिना
इस संसार के भौंरों से डरेगा क्या?
कपिलसिद्धमल्लिकार्जुन॥ 81॥

बुरे काम करनेवाले असंख्य हैं,
मगर सत्कर्म करनेवाले कोई भी नहीं हैं, देखो जी
दुष्कर्म का अर्थ है विषयवासना,
सत्कर्म का अर्थ है कपिलसिद्धमल्लिकार्जुन से मिलने की वासना॥ 82॥

भगवदानन्द के भक्तों का स्वरूप कैसा है, सुनिए जी
बहती नदी के समान फैले हुए हैं जी
वे करते हैं परन्तु उस करने के काम में नहीं रहते
कपिलसिद्धमल्लिकार्जुन॥ 83॥

यह देह मैं स्वयं हूँ, यह मेरा विश्वास था हे मन,
देह में स्थित गुणों को तुममें देखा हे मन,
पृथ्वी का गुण शान्त रहना है, पानी का गुण उसका स्वाद है
अग्नि का है सर्वभक्षी स्वभाव,
वायु का गुण है निर्मलता
आकाश का गुण है शून्यता
इन पंचतत्त्वों का गुण तुम में रहने पर
तुम्हीं पंचमुख हो, देखो मन,
कपिलसिद्धमल्लिकार्जुन॥ 84॥

बिना भूमि के क्या अनाज पैदा कर सकते हैं?
बिना बारिश फसल निकलेगा कैसे?
किसी भी वस्तु के लिए द्रव्य चाहिए,
हमारे कपिलसिद्धमल्लिकार्जुन के लिए
लिंगपूजा, जंगम दासोह ही चाहिए॥ 85॥

कथनी-करनी जिनकी एक है उन्हें तुम प्यार से अपनाओगे, स्वामी।
कथनी ही ब्रह्म हो जिनमें, उन्हें तुम अपनाओगे नहीं स्वामी।
मृड, कपिलसिद्धमल्लिकार्जुनलिंग!
बातों के ब्रह्मों से क्या स्वीकृत होगा? ॥ 86॥

नदी का पानी समुद्र में गया।
परन्तु समुद्र का पानी फिर नहीं आता नदी में।
मैं गया लिंग की तरफ
परन्तु लिंग नहीं आता मेरी तरफ
बेटा गुस्सा करता है तो पिता गुस्सा नहीं करता
मैं गुस्सा करता हूँ तो तुम गुस्सा नहीं करोगे, स्वामी
कपिलसिद्धमल्लिकार्जुन॥ 87॥

हमारे व्यवहार के लिए हमारे पुरातन शरणों के
वचन ही साक्षी है, स्वामी
स्मृति समुद्र में बह जाएँ,
श्रुति बैकुंठ पहुँचे
पुराण आग में पड़े,
आगम हवा में जाएँ
हमारे वचन कपिलसिद्धमल्लिकार्जुन के
महालिंग के हृदय में गाँठ के रूप में रहे॥ ८८॥

निन्दा से नहीं घटेगा जंगम
स्तुति से आनन्दित नहीं होगा जंगम
सेवा पाकर ढील नहीं पड़ता जंगम
आने पर उसे दान नहीं दोगे तो, क्रोधित नहीं होगा जंगम
इन्दुधर कपिलसिद्धमल्लिकार्जुन कहूँगा ऐसे जंगम को॥ 89॥

आपके श्री चरणों पर पड़ेगा आपको और याद करेगा
ऐसे मन को बिगाड़ने के लिए,
मोह की हवा खींचने पर तुरन्त
क्रोध की आग में जल गया मैं।
आपको ध्यान करते मन को, सताने की विधि को मारकर
मुझे स्थित रखो कपिलसिद्धमल्लिनाथ देवों के देव।॥ 90॥

गाड़ी हुई सम्पत्ति को देखते ही जाली को धोना क्यों ?
माणिक मिले तो मशाल क्यों?
कामधेनु दुहेगी तो फिर बछड़े का ऋण क्यों ?
हमारे कपिलसिद्धमल्लिकार्जुन देव के
अपने निज स्वरूप दिखाने के बाद
आराधना, सेवा के उपचार की कृपा क्यों बताओ?॥ 91॥

नीर-क्षीर के भेद को हंस खोल सकता है, देखो
देह-जीव के भेद को तो आप खोल सकते हैं,
मैं क्या खोल सकता हूँ?

आपने जो उलझन में रखा है उसे खोलना सम्भव नहीं
आपने जो उलझन में रखा उसे सुलझाया न जा सकता
उसे फिर उलझन में नहीं डालना चाहिए।
हे कपिलसिद्धमल्लिकार्जुन!
मेरी काया के जीव की सिलाई खोलो,
यह आपकी कृपा है॥ 92॥

अद्वैत की बात सौ करोड़ बार कह सकते हैं
एक बार ही सही चल सकते हैं क्या निश्चित
सद्भक्त सदाचार में?
अपनी बात के अनुसार आचरण करनेवाले
जैसे आचरण करते हैं, वैसा बोलनेवाले
सद्भक्ति सदाचार से परिपूर्ण महात्माओं के
चरणों में पड़ूँगा। मुझे जीने की शक्ति दो, देव,
कपिलसिद्धमल्लिकार्जुन॥ 93॥

बोल में दोष दूर किए बिना स्वेच्छा से मनचाहे बोलना
अहंकार है, सहज ज्ञान नहीं।
यह इसलिए कि
पत्थर की मूर्ति को महान् कहूँ तो
वह अग्नि से नष्ट होता है।
अग्नि को महान् कहूँ तो
वह जल से नष्ट होता है।
जल को महान् कहूँ तो
वह मारुत से नष्ट होता है।
मारुत को महान् कहूँ तो
वह शून्य से नष्ट होता है।
शून्य को महान् कहूँ तो।
वह अन्तःकरण से नष्ट होता है।
उस अन्तःकरण को महान् कहूँ तो
माया से वह नष्ट होता है।
माया को महान् कहूँ तो
महादेव कपिलसिद्धमल्लिकार्जुन

परब्रह्म से वह नष्ट होता है।
सुनो, मडिवाळ माचिपिता ॥ 94 ॥

बात को ग्रहण कर तार्किक जैसे तर्क करनेवाला मैं नहीं हूँ।
बात के द्वारा फँसाने के लिए वाक्पटुता मुझमें नहीं।
चलनेवाले बैल लँगड़ाते भी हैं
जानेवाला मनुष्य ठोकर खा भी सकता है
बोलनेवाला शरण कपिलसिद्धमल्लिकार्जुन के आगे
चूक जाए तो वह गलत नहीं, सुनो, प्रभु ॥ 95 ॥

धान के पौधे के पास मैं एक घास का पौधा हूँ स्वामी
आपके चरणों पर शरणु शरणु कह नमस्कार कर
मैं धन्य हो गया देखो जी
आपको याद करनेवाले सभी धन्यभाग हैं
कपिलसिद्धमल्लिनाथ ॥ 96 ॥

पंचेन्द्रिय रूपी कुत्ते के छूने से पहले
हे स्वामी, ऐसा करो कि मेरा मन
आपके पास पहुँच जाए।
मनौती व्यर्थ होने से पहले
आप नित्य होकर मेरा पालन करो, स्वामी
मेरा तीव्र प्रेम नष्ट हो जाने से पहले
ईश मुझमें समा जाओ
कपिलसिद्धमल्लिकार्जुन ॥ 97 ॥

बिल्व पत्ते का व्रत करनेवाले एक करोड़ लोग।
लिंगार्चन का व्रत करनेवाले एक करोड़ लोग।
जंगम को तृप्त करनेवाले एक करोड़ लोग।
अपने आपको समझने का व्रत करनेवाले कोई भी नहीं
कपिलसिद्धमल्लिकार्जुन ॥ 98 ॥

मोक्ष की साधना करनेवाले को
जगत् के प्रापंचिक विषय मोह से छूटना चाहिए।

राज्य की साधना करनेवाले को
प्राणों का मोह छूटना चाहिए।
विद्या की साधना करनेवाले को
अन्य इच्छाओं से दूर रहना चाहिए।
कपिलसिद्धमल्लिकार्जुन में समा जाना हो तो
संशय मिटकर निश्चिन्त होना चाहिए॥ 99॥

परस्त्री को देखते
अन्धा होता है जंगम
परधन देखने पर
बाघ को देख डरते हिरन-सा है जंगम।
दुर्जनों का संवाद सुनते
अतिमूर्ख होता है जंगम
दुष्कर्म पथ में चलते
अति जड़ पंगु होता है जंगम
इन्द्रिय विषयों में
निष्करुणी होता है जंगम
शिव निन्दकों की बातें सुनते
बहरा बना रहता है जंगम
दुरात्माओं को ज्ञान द्रव्य देते समय
लोभी होता है जंगम
कपिलसिद्धमल्लिकार्जुन॥ 100॥

परुष स्पर्श कर लोहे का
परुष नहीं बनना एक कमी है।
तुम्हारा स्पर्श कर पूजा करनेवाले वे 'तुम' नहीं बनेंगे तो
तुम्हारे देवत्व के गौरव की हानि होती है, देखो
कपिलसिद्धमल्लिकार्जुन॥ 101॥

परुष लिंग हाथ में रख सर्वफल माँगते हैं।
श्रीगुरु स्वामी ने करस्थल में जो लिंग रखा वह झूठ है क्या?
ये लोग जो बिगड़कर नष्ट हुए उसकी कोई सीमा नहीं,

छूकर भी अनछुए रहनेवालों को क्या कहोगे
कपिलसिद्धमल्लिकार्जुन! ॥ 102 ॥

परुष स्पर्श से
लौह गुण का नष्ट होना देखिए।
ज्योति के स्पर्श से
घने अन्धकार का नष्ट होना देखिए।
अमृत के स्पर्श से
रोग का नष्ट होना देखिए।
हमारे कपिलसिद्धमल्लिकार्जुन के स्पर्श से
भव का नष्ट होना देखिए॥ 103 ॥

सभी पशुओं को पृष्ठभाग में पूँछ हो तो
'मैं करता हूँ' कहनेवाले के मुख में पर पूँछ है देखो।
सभी पशुओं के मस्तक पर सींगें हों तो
पूजा कार्य पूर्ण हुआ कहनेवाले के
मन की छोर पर सींग है देखो।
जब तक यह भाव है कि 'मैंने किया'
वह भक्त कैसे कहलाएगा?
जब तक यह भाव है कि 'मैंने करवा लिया है' वह
निरुपाधि निरंजन जंगम कैसे कहलाएगा?
हे कपिलसिद्धमल्लिकार्जुन! ॥ 104 ॥

पुण्य करने की इच्छा रखकर कलपो नहीं
पाप नहीं करोगे तो वह पुण्य निश्चित है।
कोई अन्य तीर्थ नहीं चाहिए।
सत्य बोलने पर वह भेद रहित रहेगा
कपिलसिद्धमल्लिकार्जुन
झूठ के लिए जलनेवाला है ॥ 105 ॥

बाहर की आँख बन्द कर
अन्दर की आँख खोलकर
उसके आने की आतुरता से मैं कान लगाकर

सुन रहा था।
कहाँ से आया, मैं नहीं जानता
सर्व प्रतिबिम्ब चमके तो
मैंने आँखों में भर लिया
उस प्रतिबिम्ब के द्वारा ही मैं
कपिलसिद्धमल्लिकार्जुन में समा जाऊँगा॥ 106॥

वर्णहीन सोना आपके नाम के अनुकूल कैसे बना?
फूल सूखकर उसकी गंध को पहनने की रीति में
सुगंध रुक तो गया क्या ? स्वामी
क्रिया शुद्ध होने पर कपिलसिद्धमल्लिकार्जुन
लिंग भाव शुद्ध रहेगा॥ 107॥

चाहता हूँ तुम्हारे लोगों का संग
तड़पता हूँ तुम्हारे लोगों के संग के लिए
चाह कुछ अन्य की ओर न जा पाए ऐसा
मुझे आनन्दित रखो भक्ति में
कपिलसिद्धमल्लिकार्जुन॥ 108॥

बसव को दूसरा शम्भु कहते हैं
हम तीसरे शम्भु हैं क्या?
अपने आपको जानने पर
वह दूसरा शम्भु कहलाया
अपने आपको विस्मरण करने पर
भूमि का मनुष्य कहलाया, देखो
कपिलसिद्धमल्लिकार्जुन॥ 109॥

बहती हवा धूल उड़ा ले तो
सूर्य क्या धूमिल हो गया?
उस सूर्य की तरह प्रकाशित रहो,
महानुभावों का मन विचलित न होकर
एकरूप रहना आपका समता गुण है
मुझे कब अपनाओगे कपिलसिद्धमल्लिकार्जुन॥ 110॥

उजाले का उजाले से मिल जाने पर
अँधेरा बच सकता है क्या?
शरण जब महानुभावों की गोष्ठी करते हैं
साथ रहनेवालों का अज्ञान मिटकर
निजता पा सकेंगे।
आपके महानुभावत्व के सम्पर्क में रहकर
मैं परमसुखी होकर
मडिवाळ माचिदेव के चरणों में मन को मग्न कर लिया
कपिलसिद्धमल्लिकार्जुन॥ 111॥

भक्त का मन स्त्री पर मोहित हो तो
विवाहित होकर साथ रहना।
भक्त का मन मिट्टी के मोह में हो तो
खरीदकर घर बनाना।
भक्त का मन सोने के मोह में हो तो
उसे श्रम से पाकर उपयोग करना, देखो
कपिलसिद्धमल्लिकार्जुन॥ 112॥

भक्त बनने पर जंगम को उसकी प्रशंसा करनी चाहिए।
जंगम बनने पर भक्त को उसकी प्रशंसा करनी चाहिए।
भक्त की काया ही जंगम की काया है
जंगम की काया ही भक्त की काया है
कपिलसिद्धमल्लेशय्या में यही उपाय है॥ 113॥

भक्त बनने पर भक्ति के द्वारा आचरण कैसे करें?
स्वयं भक्त बनने पर भक्ति का मार्ग जानना चाहिए।
स्वयं भक्त बनने पर ज्ञानक्रिया विवरण का पता लगाना चाहिए
स्वयं भक्त बनने पर ज्ञान संकेत की पूजा करनी चाहिए
स्वयं भक्त बनने पर तापत्रय में न डूबकर
कपिलसिद्धमल्लिकार्जुन में ऐक्य होना ही चाहिए॥ 114॥

भक्त भक्त से मिले तो हाथ जोड़कर
नमस्कार करना ही भक्तस्थल है।

जंगम जंगम से मिलने पर शरणु कह
नमस्कार करना जंगमस्थल है।
भक्त और जंगम अलग हैं क्या?
रस की तरह भक्त है तो स्वाद की तरह जंगम है, देखो
कपिलसिद्धमल्लिकार्जुन॥ 115॥

भक्ति रहित ताप में मैं जल गया हे पिता
नित्य रूपी भक्तिमार्ग की कृपा करो हे पिता
तत्त्व काम्यार्थ मुझे नहीं चाहिए, भक्ति में रखो मुझे हे पिता
नित्य निगम के लिए अगोचर कपिलसिद्धमल्लिकार्जुन,
भक्तों के साथ मुझे रखो॥ 116॥

भाव पक्व होने पर लिंग कहलाया
भाव विभाव होने पर पत्थर कहलाया
भाव निर्भाव होने पर कुछ भी नहीं कहलाया
कपिलसिद्धमल्लिकार्जुन॥ 117॥

परिपूर्ण जंगम की, राजा पूजा करेगा,
वेशधारी जंगम की वेश्या पूजा करेगी
वेशधारी जंगम की पूजा सारा संसार करता है।
ज्ञानी जंगम की पूजा कोई भी नहीं करता देखो
कपिलसिद्धमल्लिकार्जुन॥ 118॥

मंत्र जपने से क्या फायदा जब
मंत्र मूर्ति का दर्शन न हो?
यंत्र धारण से क्या फायदा जब
व्याधि दूर न हो?
तंत्र विद्या पढ़ने से क्या फायदा जब
उसका आन्तर्य समझ में न हो?
शरण बनकर क्या फायदा जब
लिंग जंगम की पूजा कर मोक्ष न प्राप्त हो ?
हे कपिलसिद्धमल्लिकार्जुन! ॥ 119॥

अभिषेक करने के लिए कहे तो
मैं क्या अभिषेक करूँ?
अन्दर एक प्राणलिंग को देखा।
बाहर के फूल तोड़कर, बाहर ही अभिषेक करते हैं।
इस उपचार का नेम-नियम मैं नहीं मानता
स्वानुभाव को न जाननेवाला कैसा सुखी है?
कपिलसिद्धमल्लिनाथ उसे नहीं मानता ॥ 120 ॥

मनुष्यों का यह सम्मान है
तेज धार का घाव है, देखो
मनुष्यों का यह सम्मान है
परिमल पुष्प का स्पर्श है, देखो
कपिलसिद्धमल्लिकार्जुन ॥ 121 ॥

पेड़ से पत्ते तोड़कर
संकेत से परे परमज्ञान लिंग की पूजा करते
पागलों को देख मैं चकित हुआ हूँ।
संकेत की पूजा रूपी लिंग का ज्ञान होने पर ही विस्मृति नष्ट होती है।
विस्मृति को आगे रखे तो वह धनमद है, देखो
कपिलसिद्धमल्लिकार्जुन ॥ 122 ॥

मलत्रय के कीचड़ में अपनी इच्छा से पड़ा हूँ मैं
वसुधापति तुम मुझे किनारे लगाओ
मेरे ईश, करुणा रूपी कानन में सन्तुष्ट रखो
कपिलसिद्धमल्लिकार्जुन ॥ 123 ॥

जो भी किया वह अपने हित के लिए किया,
किसी दूसरे के हित के लिए नहीं।
जो भी देखा अपने हित के लिए देखा
किसी दूसरे के हित के लिए नहीं।
खुद को छोड़ दूसरों का हित देखने पर
साथ हो जाएँगे हमारे कपिलसिद्धमल्लय्या ॥ 124 ॥

सम्मान रहित भोजन कुत्ते का मांस है
ज्ञान रहित क्रिया से केवल सिद्धि प्राप्त होती है।
ध्यान रहित पूजा जंगल की ज्योति है
हे कपिलसिद्धमल्लिकार्जुन,
तुम्हारे बिना भक्ति चांडाल भोजन है, स्वामी॥ 125॥

डूबनेवाला क्या दूसरे डूबनेवालों को बचा पाएगा?
स्वयं माया के वशीभूत होकर
माया में फँसे लोगों को अपने चरणामृत से
बचाने की बात करनेवाला
उस चरणामृत को लेनेवाला, दोनों डूबकर
यमपाश में फँसेंगे देखो
कपिलसिद्धमल्लिकार्जुन॥ 126॥

एक मृत्तिका से सैकड़ों घड़े
एक मन से सैकड़ों क्रियाएँ
एक पिता से सैकड़ों सन्तान
महान् से महान् चिन्मय कपिलसिद्धमल्लिकार्जुन में
जगत् सैकड़ों है॥ 127॥

मृदुता स्वाद और रूप मिलकर शक्कर बना
गुरु लिंग जंगम मिलकर परवस्तु बनी
मृदुता सदृश गुरु, रुचि सदृश लिंग, रूप सदृश जंगम,
सुनो कपिलसिद्धमल्लिकार्जुन॥ 128॥

योगी को क्रोध ही माया है,
रोगी को अपथ्य ही माया है,
ज्ञानी को मिथ्या ही माया है,
ज्ञानी कहलानेवाले को 'मैं-तुम'
का भेदभाव ही माया है।
कपिलसिद्धमल्लिकार्जुन॥ 129॥

योगिनाथ की कृपा योगी को छोड़कर
भोगी को कहाँ मिलेगा?

पंचम स्वर कोयल को छोड़कर
कौए में कैसे?
कपिलसिद्धमल्लिकार्जुन योगिनाथ॥ 130॥

लिंग को महान् कहूँ? गुरु द्वारा मैंने देखा
गुरु को महान् कहूँ? साकार द्वारा देखा।
साकार को महान् कहूँ? निराकार द्वारा देखा।
निराकार को महान् कहूँ? जंगम द्वारा देखा,
हे कपिलसिद्धमल्लिकार्जुन!॥ 131॥

लिंगवंत स्वयं बनने पर
अंगनाओं की चाल-चलन को देख
उन्हें लिंग की रानी समझना चाहिए।
लिंगवंत स्वयं बनने पर
अनुभव के वचन गाकर
सुख-दुःख से परे होना चाहिए।
लिंगवंत स्वयं बनने पर
जंगम की पूजाकर सदा लिंगैक्य सुखी
होना चाहिए, देखो
कपिलसिद्धमल्लिकार्जुन।॥ 132॥

लिंग की पूजा करनेवालों को देखकर
मेरा मन प्रफुल्लित हुआ देखो
जंगम की पूजा करनेवालों को देखकर
मृत प्राण लौटाने के समान हुआ
अपने आपको पहचाननेवालों को देखकर
इनको ही कपिलसिद्धमल्लिकार्जुन कह
विश्वास किया मेरे मन ने देखो॥ 133॥

लिंग की पूजा करनेवाले अनंत लोग हैं।
जंगम की पूजा करनेवाले अनंत लोग हैं।
स्वयं अपने को पहचानकर, कपिलसिद्धमल्लिकार्जुन में
समा जानेवाले एक भी नहीं॥ 134॥

लिंग बनने के बाद पूजा नहीं
जंगम बनने के बाद देखा नहीं,
प्रसादी बनने के बाद रुचा नहीं
इस तरह त्रिविध एक होने के बाद
कपिलसिद्धमल्लय्या, और कुछ समझ में न आया॥ 135॥

लिंग ही अंग बन गया है कहनेवाले का
भाव उसी में निश्चय है देखो, मन
स्तुति-निन्दा में हर्ष-क्रोध से रहित होना चाहिए।
नीच-अनीच गुणों की परवाह न करते हुए
भाषावंत होना चाहिए।
सभी जीवों को अपने जैसा समझकर देखना चाहिए
संशय-असंशय मिटकर निश्चिन्त होना चाहिए
आकाश के सुबह का प्रकाश देखकर
प्रकाशमय होना चाहिए, देखो,
हे मन, कपिलसिद्धमल्लिकार्जुन में॥ 136॥

इष्टलिंग खो गया समझ
शरीर त्यागनेवाले को देखकर
मेरा शरीर काँप उठा।
लिंग खो जाए तो आपके प्राण बचेंगे क्या?
लिंगप्राणी प्राणलिंगी कहना क्या झूठ है?
हे कपिलसिद्धमल्लिकार्जुन!॥ 137॥

लोक अपने में होने के बाद, लोक की सम्पत्ति अपने लिए क्यों ?
परुष स्वयं होने के बाद, सुवर्ण की सम्पत्ति अपने लिए क्यों?
कामधेनु स्वयं होने के बाद, अन्य गाय की सम्पत्ति अपने लिए क्यों ?
कपिलसिद्धमल्लिकार्जुन॥ 138॥

लोक में सार्वभौमों ने
अपनी रानियों को देह सुख दिया मगर
तीन लोकों के राजा मेरे कपिलसिद्धमल्लेश रूपी
इष्टलिंग को देह सुख न देकर भव पाश में फँस गए।
हे मन, इसे तू समझो॥ 139॥

वचनानुभव वाक् रचना नहीं है हे मन,
वचनानुभव वाक् रचना नहीं,
'वचनानुभव वचो न' यह बात श्रुति सिद्ध है, देखो,
कपिलसिद्धमल्लिकार्जुन ॥ 140 ॥

वचन वाचन कर अनुभवी जो न हुआ वह पिशाच है
वचन वाचन कर अनुभवी जो बना वह पंडित है।
विद्या अभ्यासी के वश होती है,
अविद्या हर किसी के वश में होती है।
विद्या-अविद्या को समझकर जगद्वन्द्य बन सके तो,
वही महापंडित है, देखो, कपिलसिद्धमल्लिकार्जुन।॥ 141 ॥

वाक्सिद्धि प्राप्त लोग करोड़ों हैं,
मनोरथ सिद्धि प्राप्त लोग करोड़ों हैं
भाव सिद्धि प्राप्त भी करोड़ों हैं
आपकी सिद्धि प्राप्त लोग कोई भी नहीं है, देखो,
कपिलसिद्धमल्लिकार्जुन ॥ 142 ॥

विद्याविहीन व्यक्ति हाथापाई में पड़ गया
अविद्याहीन व्यक्ति ने इस संसार को ही
लात मार दी, देखो,
कपिलसिद्धमल्लिकार्जुन ॥ 143 ॥

वीर-धीर सभी कैलासपुर पर
धावा बोल रहे हैं, देखो,
घूम-फिरकर परब्रह्म रूपी दुर्ग को घेर लो
समता-शान्ति-समचित्तता रूपी शस्त्रों को पकड़ ओ
अतिरथ, महारथ सभी सज-धज कर तैयार हो
हमारे कपिलसिद्धमल्लिकार्जुन रूपी
शिवलिंग को करवश करने ॥ 144 ॥

वीर हो तो दुश्मन बहुत सताते हैं।
दानवीर हो तो भिखमंगे बहुत सताते हैं।

रूपवान हो तो स्त्रियाँ बहुत सताती हैं।
इन तीनों से जुड़ने पर मलत्रय बहुत तंग करते हैं
अंग में लिंग सम्बन्ध नहीं हो सकता
सम्बन्ध होने पर वीर होकर भी विषयों को मिटाना
अत्यन्त कठिन कार्य है, देखो,
हे कपिलसिद्धमल्लिकार्जुन! ॥ 145 ॥

वेदप्रिय नहीं हो तुम
शास्त्रप्रिय नहीं हो तुम
नादप्रिय नहीं हो तुम
स्तोत्रप्रिय नहीं हो तुम
युक्तिप्रिय नहीं हो तुम
मुक्तिप्रिय नहीं हो तुम
भक्तिप्रिय कह विश्वास किया मैंने,
आपके आश्रय में आ गया हूँ
रक्षा करो तुम, कपिलसिद्धमल्लिकार्जुन ॥ 146 ॥

वेदप्रिय हो तो ब्रह्मा का मस्तक छेदोगे?
शास्त्रप्रिय हो तो शब्द अन्तर्गत करोगे?
मुक्तिप्रिय हो तो भवलोक में ले आओगे मुझे?
भक्तिप्रिय होने पर स्वर्ग ले गए थे न साथ व्याध को,
हे कपिलसिद्धमल्लिकार्जुन! ॥ 147 ॥

वेद-वेदान्तों का अध्ययन करने से क्या हो
मन का सूतक न मिटा हो जब तक?
सिद्ध-सिद्धान्तों के लिए परिश्रम करने से क्या हो
साधना कर नाम न कमाओगे जब तक?
ये सभी बाहर की बातें हैं
एक ही बात है हमारे कपिलसिद्धमल्लेश में
वह है सदाचार-सन्मार्ग ॥ 148 ॥

वेद-वेदान्त का अध्ययन करनेवाले सभी
यदि निरंजन हो सकते तो

लोग कौन हैं इस लोक में ?
सिद्धान्त की साधना करनेवाले सभी
यदि भगवान बन सकते हैं तो
देवता कौन होंगे स्वर्ग में?
वेदान्त प्रमथों से जुड़ा था
सिद्धान्त किसी-किसी से जुड़ा था
इन दोनों का सम्बन्ध हुआ था
श्रीगुरु चेन्नबसवण्णा से
कपिलसिद्धमल्लिकार्जुन॥ 149॥

भक्त का वेश धारण करने से क्या हुआ
महेश का वेश धारण करने से क्या हुआ
उसमें योग्य गुण नहीं हो तो?
दूध और छाछ में अन्तर क्या?
भेद रुचि में होता है न कि रूपाकार से ?
कपिलसिद्धमल्लिकार्जुन॥ 150॥

वेश धारण करने से क्या हुआ
वेश के अनुसार आचरण न होने पर?
वेदान्त पढ़कर क्या फायदा,
स्वयं ब्रह्मा जब तक नहीं बनो ?
मेरे तालाब खुदवाने से क्या हुआ
पुण्यतीर्थ जब तक न बने?
कपिलसिद्धमल्लिनाथ॥ 151॥

बीमारी दूर होने तक
रस रसायन का ऋण।
क्षुधा प्यास मिटने तक
अन्न और जल का ऋण।
मैं लिंग सम्बन्धी बनूँ तब तक
आपका ऋणी हूँ।
हे कपिलसिद्धमल्लिनाथ! ॥ 152॥

इन्द्रियों का आकर्षण क्यों स्वयं सती और
लिंग पति होने के बाद?
सर्व संयोग के लिए लिंग ही पति
स्वयं पत्नी बनने पर
अन्य सती को मानेगा नहीं
करणेन्द्रियों को बहने न देगा, कष्टों में फँसेगा नहीं
कपिलसिद्धमल्लिकार्जुन के साथ एक हुआ शरण॥ 153॥

शास्त्र बतानेवाले एक करोड़
वेद-वेदान्त बतानेवाले एक करोड़
न्याय-अन्याय बतानेवाले एक करोड़
कपिलसिद्धमल्लिकार्जुन का माया सम्बन्ध
बतानेवाले कोई भी नहीं, कहीं भी नहीं॥ 154॥

शेषनाग के फन से खेलना बेहतर है,
मृत्यु के मुँह में रहना भी बेहतर है,
हमारे कपिलसिद्धमल्लिकार्जुन के मार्ग में
चलना हितकर है देखो॥ 155॥

कुत्ते का गुण नहीं देखता मदगज
जंगल का गुण नहीं देखती महदाग्नि
धुँधलापन का तत्त्व नहीं देखता महान् प्रकाश
जन्म का गुण नहीं देखता शिवानुभाव ज्ञान।
मेरा गुण नहीं देखता
कपिलसिद्धमल्लिकार्जुन की पूजा का फल॥ 156॥

हाट-बाजार के पत्थर सारे, लिंग हैं क्या भाई?
पर्वत, वाराणसी, बदरी क्षेत्रों के
पत्थर सारे लिंग हैं क्या भाई?
अन्तकान्तक श्री गुरुमूर्ति ने
अपने ज्ञान के स्वरूप को जो दिखाया
वह पत्थर ही निजलिंग है, देखो
कपिलसिद्धमल्लिकार्जुन॥ 157॥

उत्साह के सागर में बह जाते समय
गम्भीर अस्तित्व एक भी नहीं बचा दिखता
मुझे छोड़ो, मुझे छोड़ो कहना शरीर का गुण सम्बन्ध
मुझे छोड़ो, मुझे छोड़ो कहना काय विकार है,
दिशा दिशाओं में भटकनेवाले मन को
आपके वश में लाकर रख लो प्रभु,
कपिलसिद्धमल्लिकार्जुन ॥ 158 ॥

संसार रूपी जंगल भयंकर है, मुझे मत छोड़ो
हे पिता, पीठ पीछे रहकर मेरा पालन करो
पंचेन्द्रिय रूपी पाँच कुत्तों को छोड़कर
काम नामक शिकारी के हाथ न सौंपो मुझे
कपिलसिद्धमल्लिकार्जुन ॥ 159 ॥

इस संसार रूपी राहु के जबड़े में फँसा हूँ,
राहु कब निगलेगा, यह नहीं जानता
कब थूकेगा, यह भी नहीं जानता।
उसके मुँह से निकालकर मेरी रक्षा करना
कपिलसिद्धमल्लिकार्जुन ॥ 160 ॥

संसार रूपी कानन में
कामदेव रूपी चोर को देखकर
घबराकर काँप रहा हूँ।
उस कामदेव को बुलाकर
कहो कि यह हमारा आदमी है।
कपिलसिद्धमल्लिकार्जुन ॥ 161 ॥

शक्कर के बिना स्वाद प्राप्त कर सकते हैं क्या?
मक्खन के बिना घी प्राप्त कर सकते हैं क्या?
भूमि के बिना संसार को बना सकते हैं क्या?
जंगम विरहित लिंग नहीं,
लिंग विरहित जंगम नहीं, देखो,
कपिलसिद्धमल्लिकार्जुन ॥ 162 ॥

आप कहते हैं कि हम सत्य बोलते हैं
सत्य क्या आप सबके लिए इतना आसान है?
वह आसान क्यों नहीं? मरे हुए हो तुम लोग
सत्य बोलनेवाला मरेंगे क्या?
सत्य बोलनेवाला भेद रहित रहेगा।
कपिलसिद्धमल्लिकार्जुन
झूठ से स्पर्धा करनेवाला है॥ 163॥

पालनेवाले आप होने के बाद
धकेलने वाले भी आपको नहीं होना चाहिए।
कहनेवाले आप होने के बाद
इस संसार में मुझे सताना नहीं चाहिए
कपिलसिद्धमल्लिकार्जुन॥ 164॥

सिंह मत्त गज पर आक्रमण करेगा
मत्त भैंस पर वह क्यों आक्रमण करेगा?
पक्षी आकाश में ही उड़ेगा,
पिंजड़े में थोड़े ही उड़ेगा।
हमारे कपिलसिद्धमल्लेश को जाननेवाले
ज्ञान को चाहेंगे, अज्ञान को नहीं॥ 165॥

सुख को दैव, सुख को विधि लेखा,
सुख को पुण्य, सुख को प्रारब्ध
कहते हैं सिद्धान्ती।
सुख को दैव कहने की बात
क्रिया से जान पड़ती थी।
सुख दैव नहीं;
दैव है कपिलसिद्धमल्लिकार्जुन में महामिलन॥ 166॥

सुगंधित तेल प्यास लगने पर पिया जा सकता है क्या ?
सोने की सलाई को छाती में दबाई जा सकती है क्या?
हीरे का टुकड़ा खाया जा सकता है क्या?

गुरु भक्ति में कपिलसिद्धमल्लिकार्जुन शरण
की वाणी सुनकर चुप रहा जा सकता है? ॥ 167 ॥

सुवर्ण और अलंकार में भेद है क्या स्वामी ?
ज्योति और प्रकाश में भेद है क्या स्वामी ?
धागे और कपड़े में भेद है क्या स्वामी ?
हे कपिलसिद्धमल्लिकार्जुन!
चन्नबसवण्णा और मुझमें भेद है क्या स्वामी ?
नहीं है, देखो प्रभुदेव ॥ 168 ॥

फल हाथ में पकड़े बालक को
गुड़ दूँगा, फल इधर दो कहने की भाँति
मलत्रयों से युक्त भक्त को
त्रिनेत्र का पद दूँगा कहने की भाँति
गुरु-लिंग-जंगम माँगते हैं,
मगर अपनी इच्छा के लिए
वे कभी हाथ फैलाएँगे क्या कपिलसिद्धमल्लिकार्जुन? ॥ 169 ॥

पैदा हुआ पत्थर लिंग बना;
पैदा हुआ पत्थर देवालय बना;
पैदा हुआ जानवर खेत में आया;
पैदा हुआ पेड़ इमारत के लिए उपयोगी बना
पैदा होकर नाम न कमानेवाला
बासी चावल की तरह है, देखो
कपिलसिद्धमल्लिकार्जुन ॥ 170 ॥

स्त्री को छोड़ने के बाद मिट्टी का ऋण क्यों?
मिट्टी को छोड़ने के बाद सोने का ऋण क्यों ?
त्रिनेत्री बनने के बाद इन तीनों का ऋण क्यों ?
कपिलसिद्धमल्लिकार्जुन ॥ 171 ॥

अर्थ निर्देश

गुरु

गुरु को सामान्यतः स्पर्श-मणि की उपाधि दी गई है; जो लौह समान शिष्य को अपने स्पर्श से कंचन बना देता है। लिंगायत के अनुसार गुरु ज्योति-स्वरूप होता है और जब शिष्य को अनुगृहीत करता है तो शिष्य में ज्योति जगाता है, अपने समान शिष्य को भी ज्योतिर्मय बना देता है। दीक्षागुरु, शिक्षागुरु और मोक्षगुरु के रूप में गुरु के तीन आयाम होते हैं। लिंगायत में ज्ञान प्राप्ति के बाद गुरु-शिष्य समान होते हैं।

लिंग

लिंग का तात्त्विक अर्थ परतत्त्व, सच्चिदानन्द स्वरूप दीक्षा देते समय, गुरु भक्त को लिंग देता है। मन्दिर में स्थापित लिंग को लिंगायत स्थावर कहते हैं, जो जड़ है इसलिए उसकी आराधना तिरस्कृत है। इष्टलिंग पूजा शिवयोग या लिंगांग सामरस्य कहलाती है।

जंगम

जंगम जीव उन्मुक्त होते हैं और भक्तों को आध्यात्मिक और विवेक साधना में मार्गदर्शन करते हुए पर्यटन करते रहते हैं। जंगम चैतन्य, चलनशील, परिवर्तनशील समाज का प्रतीक भी है।

प्रसाद

गुरु लिंग या जंगम का दिया हुआ सब कुछ प्रसाद अर्थात् पवित्र है, स्वीकार योग्य है। व्यक्ति जो भोग रहा है उसे यदि इस समाज का दिया हुआ मानता है, तो वस्तु योग की पवित्रता बढ़ती है। प्रसाद का शाब्दिक अर्थ भी देवार्पित वस्तु है।

दासोह

विनयभाव से प्रामाणिक परिश्रम करना और अर्जित धन या वस्तु को अधिक संग्रह न कर सामाजिक हित के लिए देना दासोह है। इसमें देनेवाला अहम से मुक्त है और लेनेवाला हीनभाव से मुक्त है।

अष्टावरण

आध्यात्मिक क्षेत्र में शिवयोग के सत्-चित्-आनन्द की प्राप्ति के लिए भक्त के लिए अष्टावरण का आयोजन किया गया है। साधना के लिए भक्त की अष्ट-आवरणों के रूप में ये तत्त्व भक्त की रक्षा करते हैं। ये हैं—गुरु, लिंग, जंगम, पादोदक, प्रसाद, विभूति, रुद्राक्षी, मंत्र।

पंचाचार

भक्त की साधना के लिए पाँच आचारों का निश्चय किया गया है। वे हैं—लिंगाचार, सदाचार, शिवाचार, भ्रत्याचार और गणाचार।

षट्स्थल

शिवयोग साधना में भक्त के विकास के लिए छह आयामों का आयोजन है, जो इस प्रकार है—भक्तस्थल, माहेश्वरस्थल, प्रसादीस्थल, प्राणलिंगि स्थल, शरणस्थल और ऐक्यस्थल।

तात्त्विक दृष्टि से अष्टावरण अध्यात्म की पंचाचार समाजमुखी आचार संहिता या संविदा का द्योतक है। षट्स्थल साधना ऊर्ध्वमुखी विकास की यात्रा है।

इसी लेखक के और भी प्रकशित ग्रन्थ

हिन्दी

(1) अधूरे शब्द (कविता संकलन)
(2) आधुनिक हिन्दी काव्य प्रकाश (सं.)
(3) संतों और शिवशरणों के काव्य में सामाजिक चेतना
(4) शरण और संत : सामाजिक चिन्तन
(5) बारहवीं सदी की कवयित्री : अक्क महादेवी और स्त्री विमर्श, (राधाकृष्ण दिल्ली)
(6) बसवेश्वर : काव्य शक्ति और सामाजिक शक्ति : (लोकभारती, इलाहाबाद)
(7) वचन साहित्य और संत साहित्य का समाज शास्त्र (राजपाल, दिल्ली)
(8) शिवयोगी सिद्धरामेश्वर
(9) बसवादि शरणों के साहित्य की सामाजिक चेतना
(10) बारहवीं सदी की कवयित्रियाँ और स्त्री विमर्श (राधाकृष्ण, दिल्ली)
(11) बसवेश्वर : समता की ध्वनि
(12) चन्नबसवण्णा : ज्ञान की निधि
(13) अल्लम प्रभु : प्रतिभा का शिखर
(14) सिद्धरामेश्वर : व्यक्ति-कृति
(15) मोकिंगे मारय्या-मोकिंगे महादेवी
(16) हड़पद अप्पण्णा-लिंगमा
(17) आय्दक्की मारय्या-आय्दक्की लक्कम्मा
(18) उरिलिंग पेद्दी-काळव्वे
(19) वचन चिन्तन
(20) गांधीगिरी

कन्नड़ से अनूदित

(21) सिद्धरामेश्वर के चुने हुए १०८ वचन (अनु.)
(22) बसव चेतना (अनु.)
(23) चन्द्रगिरि के किनारे कन्नड़ उपन्यास, किताब घर-दिल्ली
(24) हिन्दी-कन्नड़-हिन्दी संवाद पुस्तक
(केन्द्रीय हिन्दी निदेशालय, दिल्ली)

कन्नड़ ग्रन्थ

(25) मुवत्तैदु कवनगळु, (काव्य)
(26) इन्नष्टु कवनगळु (काव्य)
(27) हुलु मेलिन हनिगळु, (लघु कविताएँ)
(28) कौदि (काव्य)
(29) कबीरदासरू (कर्नाटक साहित्य अकादमी, बेंगळोर)
(30) शिवशरण पाटिल जवळी : व्यक्ति - कृति (सं)
(31) दासोह (सं.) रंग शिबिर स्मरणिका
(32) अध्यक्षीय भाषण (जिल्हा कन्नड़ साहित्य परिषद, बीदर)
(33) महिला वचन (सं.)
(34) शब्दद बेडगु (सं.)
(35) शरणरू हागु संतर सामाजिक काळजी
(कन्नड़ साहित्य परिषत्, बेंगलोर)
(36) शरणरू हागु संतर आदर्श समाज
(प्रसारांग गुलबर्गा विश्वविद्यालय)
(37) चुळुकादिरय्या काव्य)
(38) शरणु शरणार्थी गजलगळु (काव्य)
(39) मूवत्तक्के मुनुरू (काव्य)
(40) हाडुगळु उळदाव (काव्य)
(41) बेऊ-बेल्ल (काव्य)
(42) शरणेयरू हागू महिळा सम्पन्नमूल (सं)
(43) शरण साहित्य मत्तु संत साहित्य : जनपर चिन्तनेगळु

(44) जगदगल मुगि लगल
(45) दारी दीपगळु

हिन्दी से अनूदित

(46) समकालीन पंजाबी कवितेगळु
(सं. कर्नाटक साहित्य अकादमी बेंगलोर)
(47) कोगिले अळुतिदे (अनु.) 200 पंजाबी कविताएँ
(48) सौन्दर्य शास्त्र (अनु.) कर्नाटक ललित कला अकादमी, बेंगलोर
(49) ओदी अळुवदु (अनु.)
(50) सफदर हाश्मियवर मक्कळ नाटकगळु (अनु.)
(51) रामजी जागृतनाद (अनु. एनबीटी, दिल्ली)
(52) गजल घलु घलु
(53) रंगु रंगीन गजलगळु
(54) गजलोत्सव
(55) बिरुगाळिगके शान्तरागिरी
(56) पंत अवर कवितेगळु
(57) दिनकर अवर कवितेगळु
(58) अज्ञेय अवर कवितेगळु
(59) महादेवी वर्मा अवर कवितेगळु
(60) उमाशंकर जोशी अवर कवितेगळु
(61) रघुवीर सहाय अवर कवितेगळु
(62) अंबेडकर कवितेगळु
(63) पाश् अवर कवितेगळु
(64) अँधेर नगरी-कुरूडर आने
(एरडु हिन्दी नाटकगळु)

कन्नड़

(65) सतिये साकियाद कविसमय
(66) लंडन् डाट काम (यात्रा अनुभव)

(67) वचन विचारोत्सव

(68) गांधी जीवन मौल्यगळु

(69) ऐसिरी ऐनूरू हनिगळु

(70) साविरद हनिगवितेगळु

(71) आयद 71 कन्नड़ गजलुगळु

(72) आयद 71 कन्नड़ कवितेगळु

(73) आयद 71 हिन्दी कवितेगळु

(74) आयद 71 अनुवाद कवितेगळु